CAPPADOCIA

カッパドキア

谷間の岩窟教会群が彩る

写真・文——萩野矢慶記

侵食作用によって円錐形に削られた凝灰岩層の上に、硬質の地層がまるで帽子のように乗っている（エセンテペ）。

ギョレメの奇岩群

カイロス村付近の羊の群。

トルコ共和国

日本の2.07倍の国土を有し、イスタンブールを接点にアジアとヨーロッパにまたがる人口約7,000万人の国。首都はアンカラ（320万人）で、最大都市はイスタンブール（720万人）、そしてイズミール（270万人）と続く。近代トルコの生みの親で、共和制トルコの初代大統領アタチュルクは、政教分離政策をとって宗教の自由を認めた。とはいえ国民の95%以上はイスラム教。日本とトルコの関係は、アタチュルクが「日本に学べ」をスローガンにしたほどの親日派。1905年の日露戦争で、日本がトルコの敵ロシアに勝利したのが理由と、日本人は礼儀正しく、勤勉だという観念をもつ。現在トルコは、イスラム圏初の欧州連合（EU）加盟に挑戦している。公用語はトルコ語。カッパドキアは国土のほぼ中央部に位置する。

今から6000万年前頃、海抜3,916mを誇るエルジェス山が盛んな火山活動を繰り返し、膨大な量の溶岩や火山灰がまき散らされ、それが時と共に固まって岩肌の台地が形成された。カッパドキア台地の誕生である。

カッパドキアは、世界で類を見ないほどの奇異な地勢と地形の台地である。地球の形成期である新生紀に、たび重なる火山の噴火によって、火山灰や溶岩が積み重なった。それが自然と固まって凝灰岩や玄武岩となり、その後の風雨に打たれて侵食が進み、世にも不思議な景観が生まれた。地理的な不便さと、過酷な気候から、カッパドキアが世間に広く知られるようになったのは、二十世紀後半からである。しかし、その歴史は太古にまで溯る。新石器時代から始まり、ヒッタイト、ペルシャ、ヘレニズム、ローマ、ビザンチン、セルジューク、オスマン帝国時代へと興亡の歴史が続く。カッパドキアはいつの時代も比類のない奇怪な台地であることから、その特徴を巧みに生かして人が住みついた。特に、カッパドキア史を彩るにふさわしい時代は四世紀前後からで、キリスト教の修道士たちが谷間の岩山の洞穴に生活を始めたことによる。聖人シメオンは修道のため、岩柱の中を彫りぬいて独居房を造って住んだ。八世紀になるとキリスト教徒たちは、イスラムの旗を揚げて進攻する

右：世にも不思議な景観を呈する谷間の岩肌（ウチヒサル）。
上：浸食作用によって岩窟教会の正面が崩れ、内部を露呈した聖ヨハネ教会（チャウシン）。
下：正面が浮き彫り装飾で施されたファサードをもつブュク教会（ギュゼルユルト）。

アラブ人から逃れるため、地下都市や岩窟の中に避難所として隠れ住んだ。ほとんどの岩窟教会や修道院、住居は、敵の侵略や攻撃に際して、入口は容易に見つけられない設計になっていた。教会内部に修道士の手によって描かれた壁画は、比較的原始的であり、田舎風であるが、一定の主義に基づいて描かれている。こうした壁画は偶像崇拝禁止令が解除された八四三年以降に一斉に描かれて、カッパドキアの宗教文化が開花した。岩窟内は年間を通して適当な湿度を保ち、害虫類の侵入は皆無であることから貯蔵庫としても使われた。十一世紀初頭にビザンチン帝国は、セルジューク・トルコに破れ、急速にイスラム化が進んだ。この時代は、街道沿いに多数の隊商宿が造られ、カッパドキアのシルクロードとしてラクダによる交易が盛んであった。セルジュークからオスマン帝国に代わっても、カッパドキアのキリスト教に対しては寛大で、イスラムとキリスト教の共存が見られた。今日、世界遺産として輝かしい自然と文化の複合遺産を残しているのは、こうした由縁からである。

台地は次第に風雨や氷の浸食作用を受け、軟らかい凝灰岩層は深く削られ、いつしか尖塔群のようなさまざまな姿に変わっていった。

HISTORY of CAPPADOCIA

紀元前6000年代の新石器時代、カッパドキアのチャルタルクホユック遺跡から、漆喰に鹿と人を描いた壁画が発見された。この一帯で狩猟にはげむ男たち。

chapter

カッパドキアの歴史

比類のない奇怪な大地は、常に戦乱と侵略の場。
その中に開花する特異な宗教とシルクロード文化。

HISTORY of CAPPADOCIA

カッパドキア台地の誕生

中央アナトリアのカッパドキアは、平均海抜一二〇〇mの高地に広がる奇怪な台地だ。まるで地面から生え出たかのように奇岩と奇妙な地形で覆われ、おとぎ話の世界に迷い込んだような光景である。この地形の歴史は地球の新世紀時代第三紀と呼ばれた六〇〇〇万年前にも遡る。アナトリア南部に連なるタウロス山脈が深い亀裂を生じ、地質が高く持ち上げられた時、この一帯は盛んな噴火活動を繰り返し、地下のマグマが地表に流れ出た。このマグマの溶岩が大量に噴き出て山岳として形成されたのが、カッパドキアの東に位置するエルジェス山(三九一六m)や西に位置するハサン山(三二六八m)である。両火山は更におよそ一〇〇万年にわたって噴火活動を続け、膨大な量の火山灰や火山礫、溶岩がカッパドキア一帯に撒き散らされた。堆積した灰や溶岩は何層にも重なり、それが自然と固まって次第に凝灰岩や玄武岩として壮大な岩肌の台地が形成された。

台地は時代とともに気候の温度変化や風雨や雪解け水、氷などによって風化作用を起こし、硬質の異なる凝灰岩や玄武岩の地層となり、その割れ目に水が流入して浸食作用が進んでいった。柔らかい凝灰岩層はいたるところが削られ、また、固い玄武岩は雨や氷が侵入

して裂け目をつくり、時と共に硬い部分を頭に載せた尖塔のような奇岩が出現した。また、地震によって生じた亀裂に大雨による大量の水が流れ込み、台地は深く削り取られ、川が流れる谷となった。剥ぎ取られた物質は砂や小石となって川を流れ、自然と取り除かれていった。この不毛の台地に深い溝が刻み込まれたことによって、ギョレメの渓谷や、川床まで一〇〇mもの絶壁に挟まれたウフララ渓谷など数々の谷が出現した。カッパドキアは、火山活動の繰り返しによる形成期と、後の侵食作用の繰り返しによる崩壊期との二つの違った力が噛み合って超自然的な台地が誕生したのである。

上：ヒッタイト帝国のライオン門。ライオンの彫刻は魔除けの意味を持つ。
下：チャルタルクホユック遺跡から出土した新石器時代（紀元前6000年代）の女神像。

ヒッタイト人は天や太陽の神々を信仰し、法に統制された秩序ある社会を築いた（紀元前13世紀頃）。

ハットウシャ大神殿跡。

HISTORY of CAPPADOCIA

カッパドキアの興亡

カッパドキアの世にも珍しい地形は、六〇〇〇万年前に起こったエルジェス山やハサン山の長期にわたる噴火活動によって形成された。一九五八年になって、紀元前七〇〇〇年から紀元前六〇〇〇年ごろの新石器時代に、カッパドキア周辺に人々が生活していた痕跡が発見された。タウロス山脈の北に広がるコンヤ高原のチャルタルクホユック遺跡で、当時の家並みや大きな火山の噴火を描いた壁画が出土した。この火山は、近くのハサン山（三二六八m）で、噴煙や流れる溶岩、空中にまいとぶ岩石が描かれ、風景を描いた最古の壁画として、現在、アンカラのアナトリア文明博物館に展示されている。この頃のカッパドキアには、国有の文化を持った民族が住み着き、人々は火山を崇拝し、尊敬の念を持って生活していた。

紀元前一九〇〇年頃になると、首都をハットウシャに置くヒッタイト人がアナトリアに進軍し、カッパドキアを吸収し、さらに、バビロンやエジプトのファラオとも交戦し、シリアも一部勢力下に置き、強大なヒッタイト帝国を築いた。ヒッタイト人は天や太陽などの神々を信仰し、法に統制された秩序ある社会を持ち、特に盗賊人に対する刑は賠償による刑の軽減制度を組み入れたりしていた。しかし、紀元前一二五〇年頃になると、新たに海上からやってきたフリギア人による侵略で、七〇〇年近く続いた栄華を残して崩壊した。

カッパドキアは紀元前十一世紀になるとタバル王国に、紀元前八世紀には再びフリギア人に、さらにリュディア人、そして、紀元前六世紀にはペルシャ人に征服された。紀元前三三三年にはアレクサンダー大王が遠征してきて、カッパドキアの南部を征服し、ペルシャ人の首領サトラップを長官にすえ、遠征を続けて行った。大王の死後、彼を支えた将軍アリアルテスがカッパドキア王国を確立するが、そこでも数知れぬ戦いが繰り返され、次第に王国は衰退、この頃、強大な帝国になっていた西のローマに影響を受け始めた。奇しくも、黒海地方で勢力を伸ばしていたポントス王国とローマとの間に紛争が勃発し、その間で圧迫を受けたカッパドキアは戦場の場となった。結局ローマ軍はポントス王国に勝利し、カッパドキアは完全にローマの領土となってしまう。このようにカッパドキアはいつの時代もアジアやヨーロッパを結ぶ架け橋になってしまい、数々の侵略が繰り広げられた。特にカッパドキアは、奇怪な岩層地帯であることから、ここに住む人々は、いつも攻めてくる敵の目から逃れるため、岩層に穴を掘った避難所を設けていた。この隠れ家が次第に住居となり、地下都市にまで発展していった。

紀元前1900年頃から首都ハットウシャのヒッタイト人が、カッパドキアを吸収し強大なヒッタイト帝国を築く。ハットウシャ遺跡の神殿跡。

1950年地震によって崩壊したチャウシン。斜面に住んでいた人々は危機感を増し、近くの安全な平地に移住した。

HISTORY of CAPPADOCIA

初期キリスト教発展期のカッパドキア

紀元一七年にローマの支配下になったカッパドキアは、周辺地方も含めて州となり、ローマの影響をますます強く受けるようになった。二世紀になると、ローマのタラジャン皇帝は東方国境からの侵入に備え、防衛策を強化する目的でカッパドキアに幹線道路を建設した。三世紀初頭には、カッパドキアのカイセリとエーゲ海のイズミールやエフェソスとの間で経済の結合がはかられ、Union《ユニオン》の章が入った通貨が鋳造され流通した。この頃、カッパドキアに徐々にキリスト教が広がり始め、カイセリに司教区が作られアレクサンドリアからの使徒アレクサンダー・フィルミリエンが初代の司教となった。

一方、パレスチナにキリスト教をおこしたイエス・キリストは新しい国家を確立しようとした罪でローマ帝国の総督ポンティウス・ピラトの命令により、十字架にかけられ処刑された。その弟子たちは、キリストの教えを広げようとパレスチナを逃れて立ち上がった。四世紀になるとカッパドキアから偉大な三人の聖人が現れ、その一人は聖バシルであり、その弟、ニイサの聖グレゴリウス、そして、二人の友人であるナシエンシスの聖グレゴリウスで、カッパドキアにおけるキリスト教の歴史上に重要な役割を果たすことになった。特に三七〇年からカイセリの司教になった聖バシルは、修道生活に関する重要な改革を実行し、今日でも彼の教えはキリスト教全社会に固守されている。こうして、カッパドキアにキリスト教が急速に広がり、教会や修道院が次々に建てられていった。

中央アナトリア出土のローマ時代の男女像。

ギョレメの谷に初期キリスト教発展期に聖バシルを崇拝して造られた無名の教会跡。

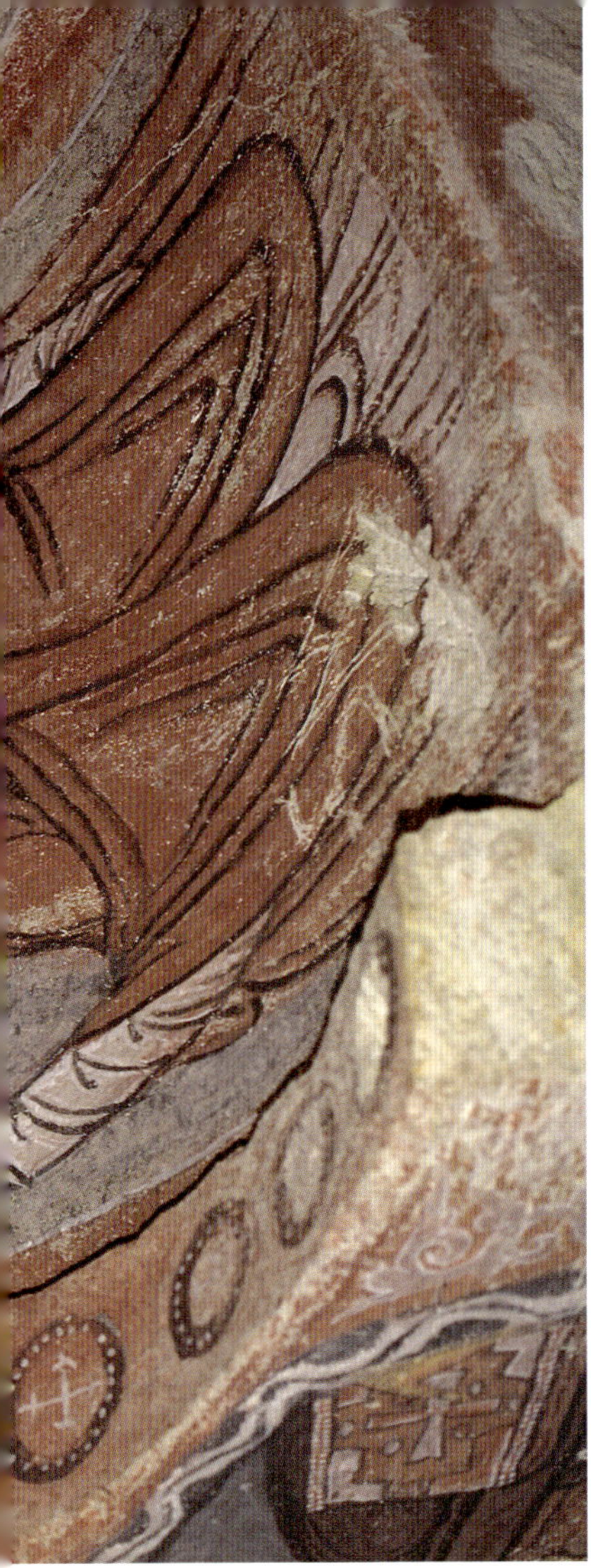

843年、これまでの偶像崇拝禁止令が撤回されると、自由な表現が戻り、ビザンチン宗教美術の絶頂期を迎えた。聖母マリア教会は聖母マリアに関する壁画が多く描かれている。

HISTORY of CAPPADOCIA

ビザンチン帝国の偶像崇拝禁止令

三一〇年頃のローマ帝国では反乱や暴動が続き、キリスト教徒に対する弾圧や迫害は厳しさを増し、その一部は、カッパドキアの洞窟に逃れて来たものもあった。しかし、そこまでは誰も追ってこなかった。その反乱を治めたのがコンスタンチヌス皇帝で三一三年にはキリスト教を公認した。三三〇年にはローマ帝国の都をビザンチン帝国に移し、そこをコンスタンチノープル（現イスタンブール）と名を変へ、キリスト教は急速な発展を遂げていった。一方、旧ローマは帝国としての役割を果たし得なくなり、滅びていった。カッパドキアはビザンチンに属したが、以前から敵となっていたのはササン朝ペルシャ人で、やがて、アラブがササン朝を攻略すると、こんどはアラブが敵となり、アラブからの侵略が続いた。八世紀になると、アラビアに生まれたイスラム教がキリスト教のビザンチン帝国を脅かし、カッパドキアはアラブの占領下になった。この時、キリスト教徒の間でも、偶像崇拝に対する反対の動きが出始め、七二六年、シリア生まれの皇帝レオ三世は、ついに偶像崇拝禁止令（イコノクラスム）を出した。キリスト教徒の中での聖像やイコン崇拝が過熱し、これが原因で崇拝反対者との対立や、イスラム教の影響、そして、強力になりすぎた司教階

級の権力闘争などから、すべての聖母マリアや聖人像を廃止した。この禁止令は一〇〇年以上も続いたが、カッパドキアの偶像崇拝者たちは、隠れた岩窟教会の中で礼拝を続けていた。八四三年になって、皇后テオドラがこの禁止令を撤回したため、教会や修道院の受難の時代は終わった。こうしてカッパドキアは、ビザンチン建築を意識した岩窟教会の建造が始まり、また、自由な表現を得て、キリストの生涯や聖書の教えの壁画を鮮やかな色調で描き始め、ビザンチン美術の絶頂期を迎えたのである。

十一世紀初頭になるとカッパドキアを含むアナトリアはセルジューク・トルコに征服された。しかし、ビザンチン帝国のキリスト教信仰はセルジューク・トルコの寛容な宗教政策で禁止されることはなかった。現在、カッパドキアに多数残されている岩窟教会や壁画はその確かな証拠である。壁画の中にはトルコのスルタン皇帝が教会の後援者として描かれているのもある。

HISTORY of CAPPADOCIA

シルクロード交差路の隊商宿

九世紀なるとアナトリアにトルコ系遊牧民のセルジューク・トルコ人が流入してきた。中央アジアや中国、ヨーロッパに分散している民族で、彼らが入ってきたことによって、アナトリアは不穏な状態が続き、幾度となくビザンチン軍やキリスト教十字軍との間で戦闘が起きていた。十一世紀初頭になって、ビザンチン帝国はセルジューク・トルコ軍に破れ、その後急速にトルコ化、つまりイスラム化に向かうのである。セルジューク・トルコ人は農業と家畜を飼育する遊牧民であったが、アナトリアに来てからは酪農農家に生活を代えていった。製品を輸出するかわりに、木材や絹、綿、銅、蜂蜜などを輸入する交易を経験することによって、新しい習慣や生活様式を収得していった。十二世紀になると、スルタン(皇帝)や裕福な領主によって、アナトリアに隊商宿(キャラバン・サライ)が建てられ、物資交易としての交通路が整備された。隊商宿は主要幹線道路に、三〇kmから四〇kmごとに造り、ラクダでその区間を九時間前後で進行する。一隊は交易を専門とする人たちで、ラクダが三〇頭から五〇頭、それに馬や粗食にたえる強健なラバが含まれることもあった。アナトリアには四〇ヵ所あまりあり、そこは無料で提供された。宿泊所のほか、浴室、市場、医療所、鍛冶屋、モスク、ラクダや馬の家畜小屋、獣医、また、そこで物々交換ができる交換所もあった。建物は長方形で、一階の中庭でラクダや馬の荷物を積み下ろし、また厩舎が並ぶ。二階以上は宿泊施設で、その部屋は格差があり、大勢でごろ寝する相部屋から、寝台に高級絨毯が敷かれた特別室までさまざまあった。食事は自炊が多く、隊商の当番係が台所に入ってナンを焼き、持参の乾し肉と現地のとりたての野菜とを油で炒めて食べた。果実類も現地調達である。食後のだんらんは中庭に集まり、チャイを飲んだり、ワインや酒を交わしたりしながら、世間話に花を咲かせたり、故郷の歌や踊りを楽しみながら、夕べのひとときを過ごした。隊商たちは、ほとんどがイスラム教徒であったが、旅の疲れをいやすため、酒は比較的寛大であった。そこはまた、強固にできた扉や厚い壁、小さな窓など防御のための要塞と同じ造りで、山賊による襲撃から身を守ることもできた。隊商宿とは別にハーンと呼ばれる旅人宿があるが、これは町の中にある小さな宿で料金を払う。十三世紀になると、セルジューク・トルコは黄金時代を迎え、地中海やエーゲ海、黒海地方まで勢力を伸ばした。また、イタリアやペルシャ、ロシア、中央アジアなどからの物資輸送や商人たちの往来で、カッパドキアは交差路としての役割を十分に果たしていた。

　セルジューク・トルコのもう一つの特徴は、中央アジアの文化を持ち込んだ遊牧民たちによって、モスクや神学校(メドレッセ)、霊廟など、優雅で繊細な装飾を施した建造物が多く建ったことである。こうした典型的なセルジューク建築は、特に遺産の町として知られるカイセリで多く見ることができる。

スルタンハヌの隊商宿は、セルジューク朝の1229年に建築された。入口に素晴しい彫刻が施されている(アクサライ近郊)。

OPEN

右：アグリ隊商宿はカッパドキア主要路にあり、宿泊所の他、浴場、家畜小屋、市場、診療所、モスク、そして物々交換所まであった。
左：13世紀に建造されたアーズカラハン隊商宿は地元産の石を用い、巨大な入場門にセルジューク装飾が施され、中庭には小さなモスクが建つ。

ラクダや馬が休息を取るインジェス隊商宿の家畜小屋。

上：インジェス隊商宿の中庭。
下右：アヴァノス近郊のサルハン隊商宿。強固にできた扉や厚い壁は防御のための要塞と同じ造りである。
下左：サルハン隊商宿。食後のだんらんは中庭に集まり、ワインや酒を酌み交わしながら、世間話や故郷の歌や踊りを披露した。

HISTORY of CAPPADOCIA

オスマン・トルコ帝国の寛大なキリスト教信仰

十二世紀に始まったセルジューク・トルコはカッパドキアのシルクロードにたくさんの隊商宿を建て、ラクダによる交易を発展させた。また、各地に繊細な石細工の公共施設を建設し、芸術文化を推進した。しかし、その末期はモンゴル軍の侵入を受け、十三世紀後半にはモンゴルの領土になった。この後、アナトリア各地の将軍や豪族たちが、それぞれの場所を本拠として勢力を張り合う時代が続いた。割拠は約一世紀ほど続き、やがて一三二六年にブルサに首都をもったオスマン・トルコが、一四五三年にコンスタンチノープル(現イスタンブール)を占領し、ビザンチン帝国を滅亡させた。そして、カッパドキアを含む全アナトリアやバルカン半島、エジプトや北アフリカまで領土を広げていった。オスマン帝国が治世中のカッパドキアは、首都から遠く離れていたことから宗教には寛大で、キリスト教信仰も自由であった。また、セルジューク朝のような交易の発展や、芸術文化などのような目立った動きはなかった。言えるとすれば、十八世紀に、当時ムシュカルと呼ばれたネヴシェヒルにオスマン帝国で大臣を務めるイブラヒム・パシャが数々の公共施設を寄贈したことや、コンスタンチノープルに四百もの伝統的な建造物を建てた建築家シナンがカイセリに自分の名のついたモスクを残したことだ。

オスマン帝国が最盛期を迎えたのは、十六世紀のスレイマン大帝の時代であったが、彼の死後は、次第に幾多の戦いが起き、徐々に領土を失い始めた。オスマン帝国の終焉は二十世紀初めであるが、カッパドキアではその権力に守られ、長い間比較的平和な時代を享受できた。そして、一九二三年十月二十九日にアタチュルクの指導のもと、トルコ共和国が成立し、ローザンヌ条約を締結して、アンカラを新首都に選んだ。

1923年初代大統領ケマル・アタチュルクはトルコ共和国を誕生させ、地方都市アンカラを首都と定め、近代都市のモデルとして造り上げた。

トルコ共和国の父、ケマル・タチュルクを葬るために首都アンカラに1944～53年に造られた霊廟。この丘からアンカラの街並みが見渡せる。

夜が明けるイスタンブール。1453年オスマン・トルコがビザンチン帝国を滅亡させ、コンスタンチノープル（現イスタンブール）を占領した。

GOREME FIELD MUSEUM in
CAPPADOCIA

chapter

ギョレメと岩窟教会群の中世芸術

凝灰岩を刳り抜いて造った岩窟教会と、そこに描かれた鮮やかな壁画からビザンチン芸術を探る。

ギョレメは$5km^2$の地域に奇岩が林のように立ち並び、幻想的なムードを醸し出す。ここはまた古くから居住地区の中心地であった。

洞窟住居。

ギョレメとは「見ることができない土地」の意

自然と歴史、宗教と芸術とが、みごとに調和しているギョレメの町はカッパドキアの中心的な場所。そこは限りなく壮大であり、奇怪であり、独特である。この変化に富んだこの世のものとは思えない景観は、太古の昔、エルジェス山などの活発な火山活動の噴火で吐き出された火山灰が蓄積し、硬化した。活動が止まると、雨や風などによる浸蝕作用が続き、地形が変わった。奇妙な岩山は凝灰岩の固まりで、柔らかい部分は流され、固い岩石部分が残り、場所によっては違った形状や色彩を呈している。表面は固いが内部は比較的柔らかいことから容易に掘ったり削ったりすることができ、そこに肥料を与えると農作物の生産にも適している。渓谷の斜面や、テントのような円錐形の岩山、帽子のような固い岩を乗せた岩柱などに、人々は古い時代からそれぞれの意図で岩山を掘り、貯蔵庫や住居、教会

洞窟ペンション。

GOREME FIELD MUSEUM in CAPPADOCIA

洞窟バー。

や隠れ家として利用している。そこは夏は涼しく、冬は暖かく快適なのだ。現在は、こうした岩窟を利用してホテルやペンション、バーやレストラン、ディスコや絨毯店などが林立しているが、あたり一帯は神秘的なムードをただよわせていることに変わりはない。かつて、ここに逃げたキリスト教徒たちは、ギョレミ、つまり「見ることのできない土地」と呼んだ。

洞窟の絨毯屋。

偉大な聖バシルの肖像画。

カッパドキアの偉大なる聖バシル

カッパドキアでは、三世紀ごろから孤独な逃避的生活を続ける隠修士勢力が主流になっていた。四世紀に入って、バシル(三二九〜三七九年)と、弟ニイサの聖グレゴリウス、二人の友人であるナシエンシスの聖グレゴリウスという偉大な三人の聖人が現れ、カッパドキアに大きな影響力をおよぼした。聖バシルはカイセリの大地主の家庭に生まれ、コンスタンチノープル(現イスタンブール)とアテナ(現アテネ)で古典的キリスト教を学び、故郷カイセリに戻って修道院に入り修道士として奉仕を始めた。バシルは独居による隠遁生活では神に対する正しい修行ができないと、これまでの逃避的生活を否定し、僧侶は集団生活の場である修道院に集まり、指導者による管理の下で行動すべきだと説得を続けた。また、個人の所有物を放棄し、衣服や食事を簡素化し、他人に対する思いやりや貧困、病人への心づかい、労働への積極参加などを説いた。そして、修道院と教会は人々が住む町や村からかけ離れた場所に作り、人々が礼拝に訪れて日々の苦しみから救われる環境を整えた。現在のギョレメ野外博物館は、この教えの発祥の地であり、そこは大いに発展した。

聖バシル（左）と馬に乗るニイサの聖グレゴリウス。

ギョレメ岩窟教会の建築構造

ギョレメで凝灰岩を掘りぬいて造られた岩窟教会は八五〇年以降からで、かつては三〇〇以上あったとされるが、現在見ることができるのは三〇ほど。この教会群はいずれもカイセリの司教聖バシルが共同体を提唱し、修道士たちが集団生活をした場所だ。その規模は岩山の大きさや形状に相応して造られ、統一性は見られない。一般的には、ビザンチン時代の基幹となった円蓋バシリカ（拝廊）を持つ建築様式で、その周囲を十字架を象徴するように、十字形に空間の部屋を四室配している。東側にはアプスと呼ばれる後陣が三つ並び中央のアプスが祭壇となり、左右のアプスは儀式を司る人の座席となる。中央ドームとアプスの間に身廊、両側に翼室、そして西側にナルテックスといわれる入口の間がある。これとは別に円蓋バシリカを持たない教会やその変形と思われる教会がギョレメに存在する。

　岩を掘って造られた後、表面の壁を部屋らしく整える必要がある。ギョレメの教会では砂に火山灰と細かいワラを粘土のように混ぜ合わせ二〜四㎜の厚さで漆喰として使い、仕上げの塗装はピグメントという塩の塗料と、酸にあうと固まるカゼインとを混ぜ合わせ、それを漆喰の土に塗って完成とした。

教会は岩層の形を生かし、支柱やアプス、ドームや屋根など、全て岩の中を彫りけずって造り上げたギョレメのアイヴァル教会。

岩窟教会の壁画と絵付け

ギョレメの岩窟教会を彩る壁画の絵付けには二つの方法がある。その一つは、石膏と漆喰を使わず、直接岩肌に赤土を塗り込む方法で、ビザンチン初期の時代に幾何学模様や植物をモチーフにしていた。後期になると、ワラや砂とをまぜた石灰の漆喰を塗り、乾いた後に絵付けを行う石膏技法で、ギョレメの岩窟教会群の多くはこの方法で描かれている。これとは別に、漆喰の上に石膏を塗り込む方法は同じであるが、漆喰が乾く前に絵付けを行う技法で、これをフレスコ画技法という。ギョレメの教会群の中ではこの技法は見つけられない。絵付けが終わると色鮮やかなツヤを出すために、草

右:ワラと砂をまぜた石灰の漆喰を塗り、乾いた後に絵付けを行う石膏技法はギョレメの岩窟教会群で多く描かれている。石膏技法で描かれた聖母マリア教会の壁画。
左:石膏や漆喰を使わず、直接岩肌に赤土を塗り込み、幾何学模様をモチーフにしたものを多く描く。アイヴァル教会に描かれた9世紀末の壁画。

木から作ったニスを塗って仕上げる。
教会の壁画はキリストの生涯や聖書の場面、天使や聖徒たちが多く描かれているが、ギョレメではカッパドキアの偉大な聖人の姿もよく見られる。一般的には、円蓋バシリカの中央部に「全能のキリストと天使たち」が描かれ、壁画には聖徒や人々、メインアプスには「ディーシス」といってキリストが中央に右側に聖母マリア、左側に洗礼者ヨハネが並び、キリストが罪を犯した人々の神の許しを得ている場面が描かれている。これらの壁画は七二六年にレオ三世が偶像崇拝禁止令(イコノクラスム)を出し、八四三年に皇后テオドラが撤回させた直後に描かれたものが多い。この時、宗教芸術としてのカッパドキア文化は大きく発展した。しかし、十二世紀中期以降に描かれた壁画はギョレメでは発見されていない。ギョレメでの修道生活はいつ終了したのかは判明できないが、一〇〇〇年近く経過した今日、鮮やかな色調を保ってきたことは温度差もなく、水の浸入も遮った凝灰岩のお陰である。

世界遺産であるギョレメ野外博物館。
岩を刻んで造られたビザンチン時代
の一群の教会や修道院が並ぶ。

ギョレメの岳。

ギョレメ野外博物館。

ギョレメ野外博物館を彩る岩窟教会群

大小の教会は鮮やかな壁画で装飾され、
その絵は「カッパドキア様式」といわれる独特なもの。

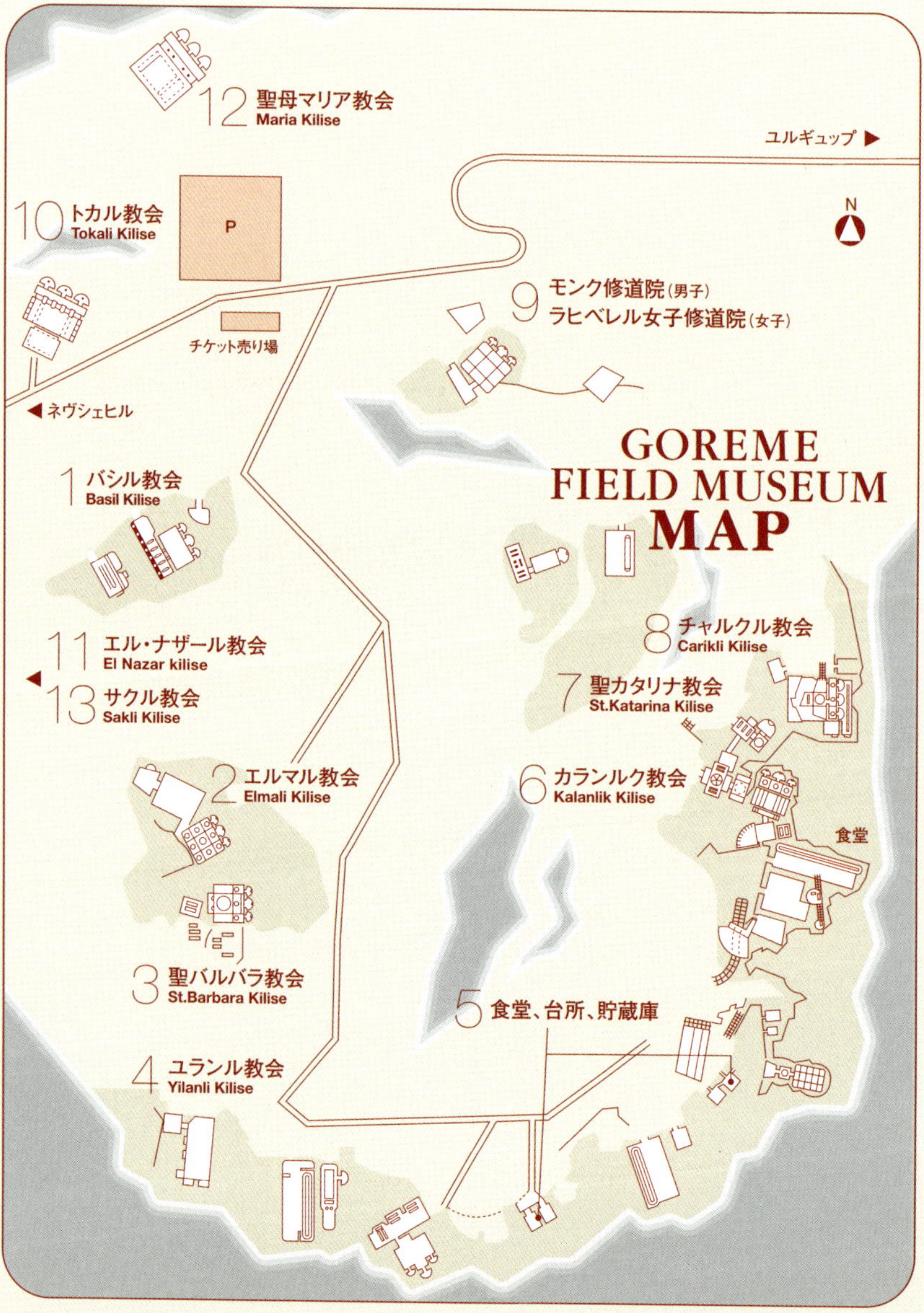

1 バシル教会

Basil Kilise

無名の教会といわれる

ギョレメ野外博物館巡りでの最初の教会。無名の教会ともいわれるが、カイセリ司教の聖バシルが人里離れた宗教共同体を提唱したことに因みバシル教会とも呼ばれる。前壁にキリストを抱く聖母マリア、北側の壁には馬に乗る聖テオドールが石膏技法で描かれ、幾何学模様は岩肌に直接赤い塗料で描き、ここでは二種類の絵付け技法が使われている。

チケット売場から入場口を入ると最初に現れるのがバシル教会。この入口部分に墓があるが、寄進者の墓と思われ、その名前は不明である。長方形に岩を削り掘って造られた教会は十一世紀のもの。内側の岩肌には赤の塗料で幾多の幾何学模様が描かれ、中央のアプスにはイエス・キリストの肖像画、前部に聖母マリアとキリスト、北側の壁には馬に乗る聖テオドール、南側の壁には馬に乗る聖ジョージと聖デメトリウスの二人が大蛇を退治する姿で描かれている。

2 エルマル教会
Elmali Kilise
りんごの教会

りんごの教会と呼ばれるのは、この近くにりんごの木があったという説と、壁画の中のイエスの手がりんごのように丸型に描かれていることからその名が付けられ、それは地球を意味するという説とがある。しかし、本来の教会名は判っていない。教会は十一世紀中頃から十二世紀初めに岩山の中を正方形に削り掘って造られたが、その空間は優れた建築技術と茶色や黄色、赤や白などの色調で調和のとれた壁画が芸術的なセンスで彩られている。大きな丸天井の中央ドームは四本の円柱で支えられ、「全能のキリスト」がドーム一杯に、また、そこを縁どる小さなドームには、聖ガブリエル、聖ミカエル、聖ラファエルなどの大天使たちが描かれている。壁画の保存状態は良くなく、剥げ落ちた部分は単色で装飾風に覆っている。その中で良好なのは南面のコーナーにある「キリストの洗礼」で見所の一つとなっている。興味深いのは「十字架のキリスト」でその上の丸天井のドームに七人の天使が悲痛な表情で、キリストに手を差し伸べる姿が描かれている。ギョレメの教会群の中で唯一「キリストの埋葬」のシーンが描かれていて、ニコメデスの手によってキリストの身体が抱きかかえられている姿だが、この画は剥げ落ちていて部分的にしか見ることができない。

壁画はキリストの生涯に関する15の場面があり、4本の円柱で支えられた中央ドームには「全能のキリスト」が、4つの角には伝道師たちが、他の7つのドームは大天使達が描かれている。

3 聖バルバラ教会
St.Barbara Kilise

聖バルバラ教会は、聖バルバラの名をとって付けられ、エルマル教会の背後に位置している。当時、この教会に関わった人の名前を連ねた碑文の一部も発見されている。十一世紀末に造られ、十字架の本堂の天井を二本の円柱が支え、さらに三つのアプスで出来ている。その技法は岩をくりぬいて造ったというより、石材建築物といった印象で、当時の教会建築様式の特徴を十分に発揮したものである。中央ドームの二重の円の中に片手をあげて祝福する「全能のキリスト」の姿があり、北壁には馬に乗った聖ジョージと聖テオドールが大蛇を退治するシーンが描かれている。西壁には聖バルバラの絵があり、ここからバルバラ教会という名が付けられた。バルバラは三世紀にアナトリア地方、又はエジプトのヘルモポリスで生まれ、キリスト教を学び、改宗し、洗礼を受けたが、これを知った父親が激怒し、ついにバルバラを殺してしまい、バルバラは聖人となった。

この教会の特徴はドームやはり出し部分、壁面などに、赤色で幾何学模様や神話的動物が簡素な装飾として描かれていることだ。また、聖徒たちの肖像画の周囲を縁取りするように用いられている。動物の中に昆虫のような絵があり、これはキリスト教への改宗を象徴する稲子であるという説もある。こうした幾何学模様の数々は正解に解読されておらず、八〜九世紀に起こった聖像崇拝禁止（イコノクラスム）時代のものとも考えられる。

宗教的な幾何学模様の多様さに目を奪われる聖バルバラ教会。北壁に馬に乗った聖ジョージと聖テオドールが大蛇を退治するシーンが描かれている。その上部の昆虫のような絵は、キリスト教への改宗を象徴する稲子であるという説がある。この幾何学模様は8〜9世紀の聖像崇拝禁止（イコノクラスム）時代のものともいわれる。

4 ユランル教会
Yilanli Kilise
蛇の教会

聖オノフリウスは元来女性であったが、次第に男に変わってしまったという伝説から男女両性者として描かれている。

この教会の名は左側に馬に乗った聖ジョージと聖テオドールの二人が大蛇を退治する姿の壁画が鮮やかに描かれていることから付けられた。教会は長方形で円柱のない半円筒型で十一世紀に造られ、増築部分には平天井がある。聖ジョージは二世紀から三世紀に地元カッパドキアで生まれ、聖人と戦士として尊敬されたことから幾多の教会に描かれている。彼の象徴は、善が勝ち、悪が滅びるという信仰伝説で、恐ろしい大蛇を退治し、美しい姫君を救い、その父親や多くの人々をキリスト教に改宗させるということにある。

上：入口向かい側に左手に聖書を持つキリストが描かれ、小さな人物は寄進者。左側には左手に十字架を持ったローマ皇帝コンスタンチヌスとその母聖ヘレンが描かれている。
下：馬に乗って大蛇を退治する聖ジョージと聖テオドール。その左側はニコダモス。聖ジョージは2世紀又は3世紀にカッパドキアで生まれ、多くの教会に描かれた人物である。

この他に、左手に十字架を持ったローマ皇帝コンスタンチヌスとその母親の聖ヘレンの壁画や、半円筒型の天井にもカッパドキアで尊敬された聖人たちの絵が描かれている。

右側には裸で長い髪の聖オノフリウス、隣に聖トーマス、そして、本を手に持った聖バシルが描かれている。聖オノフリウスは四世紀ごろ、エジプトのヘルモポリスで修道院生活を送っていたが、孤独に生きることの重要性を求め、俗世界から離れて六〇年間砂漠の中でナツメヤシと草木の根で生活していた。毎週、休日の日になると天使がやってきて聖なるパンを与えてもらったことから長く生きられたという。紀元四〇〇年にこの地で没したが、聖友パフノチウスは「神はあなたを砂漠へみちびいた。そこで見たこと、学んだことを世に伝えよ。天使はあなたを災から守り、最後の審判のときあなたは汚れなき存在になろう」と。地元カッパドキアでは、聖オノフリウスは元来美しい女性で浮気女であったことから、男たちにあいそをつかし神に救いを求め、次第に男に変わってしまったという伝説がある。

5 食堂、台所、貯蔵庫

上：ユランル教会からカランルク教会の間に並ぶ凝灰岩をくりぬいて造られた建造物群。

ユランル教会をさらに進むと、カランルク教会との間に凝灰岩をくりぬいた建造物が並ぶ。広間のように掘られた部屋は食料を保存するための貯蔵庫。台所として使われた部屋には、土製の釜跡が見られる。奥の部屋の左側には、五〇人前後の人々が一緒に食事ができる凝灰岩を彫った長い食卓と長椅子が造られている。右側の床にはワインを生産した跡も残されている。

上：50人前後が一堂に並んで食事ができる長い食卓と長椅子。これも凝灰岩を彫って造られた。
下：床に釜跡が見られる台所

6 カランルク教会

Kalanlik Kilise

暗闇の教会

十一世紀末から十二世紀初めに建造されたこの教会は、拝廊部分に覗き窓が一つしか開いていないため、ほんの少ししか光が入らず、暗闇の教会という名がついた。この結果、常に湿度が一定に保たれ色鮮やかなフレスコ画が保存されている。大きな岩山を削り掘って造られた教会は、本来は正面の階段を上がって拝廊に入ったが、その前面部分が大きく崩れ落ち、現況の姿を呈している。

かつての控えの間であった現在の正面入口に「キリストの昇天」と「聖人たちの祝福」のフレスコ画が痛んだ状態で残っている。階段を上がった中央本堂は、十字型設計で、アーチとドームを四本の円柱で支えている。ドームの真中に天使や使徒に囲まれた「全能のキリスト」が描かれている。他の天井や壁にも、聖書イエス・キリストの生涯からの「キリストの変容」「洗礼」「最後の晩餐」「罪人を救う」「ユダの裏切り」「十字架のキリスト」など、見事な芸術的表現で描かれている。これらのフレスコ画は十七世紀以降、他教徒によって故意に傷つけられ、削られたりしたため、近年、一二年の歳月をかけて専門家の手によって修復され、本来のすばらしい姿を取り戻した。

短い階段を昇ると教会の入口がある。4本の円柱で支えられた典型的な岩窟教会の一つであるが、窓が一つしか開いていないため光が遮断され、今日まで色鮮やかな壁画を残した。

7 聖カタリナ教会

St.Katarina Kilise

カランルク教会とチャルクル教会の中間にあり、アーチ形天井と中央ドーム、後陣(アプス)で構成された小規模な十字架形教会。十一世紀にアンナという寄進者によって建造された。

中央にキリスト、右側に聖母マリア、左側に洗礼者ヨハネが描かれたディーシス。
下段には聖テオドール、聖キャサリン、馬に乗る聖ジョージが描かれている。

8 チャルクル教会
Carikli Kilise
サンダル教会

上：野外博物館では最北に位置するチャルクル教会。岩山の前面が崩れ落ちたため内部が露出している。
下：中央ドームに描かれた「全能のキリスト」。

ギョレメ野外博物館見学コースの最後の教会がチャルクル教会。この教会がサンダル教会と名づけられたのは、壁の窪みに聖なる足跡が残されていたことに由来する。岩山の比較的高い場所に造られた教会は、本来石段が付いていたが、岩山の前面が崩れ落ち現在は鉄製の階段が取り付けてある。規模は小さいが十字型の本堂と四つの丸天井のドーム、そして二本の円柱が立つ。中央のドームには「全能のキリスト」を中心に大天使ガブリエル、ミカエル、ラファエル、ウリエル、エマニエルの胸像が囲み、その下の張り出しに聖書の文筆者マタイ、ルカ、マルコとヨハネが座った姿で描かれている。他にはキリストの生涯を描いたもので満たされ、キリストの幼少時代が三場面、青年時代が二場面、そして試練の日々を描いたものが七場面あり、他の教会と共通するものである。これらは年代順ではなく、むしろ自由な構図で十二世紀初めに描かれた。教会本堂の下の階は食堂で、ここでは小さな共同体が営まれていたことをうかがい知る。

4つのドームの天井の1つに描かれた大天使ガブリエル。
その下にはイエスの生涯を描いた場面で満たされている。

9 ラヒベレル修道院（女子）とモンク修道院（男子）

野外博物館の出口付近に、人目を引く大きな岩山がある。十一世紀に内部が七階にまでえぐり掘られたラヒベレル女子修道院である。各階へはトンネルで結ばれ、危険が迫ったときはカッパドキアの地下都市と同様に、丸型でうす石のような扉で進入を遮断する仕組みになっている。一階は台所と食堂といくつかの小部屋、二階が礼拝堂、三階には教会があり、四本の円柱で支えたドームと三つの後陣から成る。キリストが右手をあげて祝福する肖像画と、赤い塗料での幾何学模様の壁画が残されているが、キリスト像の下部に一〇五五年という年号が掘られている。モンク男子修道院は、女子修道院の後方にあるが破損がはげしく入口部の部屋だけ見ることができる。

ラヒベレル修道院（女子）と観光客。

10 トカル教会

Tokali Kilise

バックルの教会

ギョレメ野外博物館の入場口手前の向かい側にトカル教会がある。トカルとはバックル（留め金）を意味し、内部のアーチに描かれたバックルに似た装飾に由来する。教会は新旧二つの構造で旧教会と呼ばれる部分は、入ると最初の部屋が半円形筒型天井の拝廊で、その地下に礼拝堂を持つ教会があり、十世紀初めに造られた。さらに、この拝廊から奥に進むと新教会と呼ばれ、ここは旧教会の後陣部分をとりこわして十世紀か十一世紀初めに造られた。新教会は旧教会の三倍近くの大きさで、両方を合わせると大きなT字型の平面となり、手前に四本、奥に三本の円柱が立つ。旧教会側に小さな礼拝堂を併せ持ち、新旧合わせた規模はギョレメの教会群では最大級のものである。

旧教会に描かれた壁画は九二〇年頃と推定され、「キリストの生涯」に関わる二九の場面で構成

左端が旧教会で壁画は920年頃のもので「キリストの生涯」が29の場面で構成される。中央は広い長方形の新教会で、壁画は青と赤をふんだんに使い芸術的に高度な技法で「キリストの生涯」を描いている。

され、入口右側から左側へとまず上段を、また右側から左側へと中段を、そして同様に下段を交互に見ていく。右側上段の最初は「受胎告知」「聖母マリアのエリザベト訪問」「処女の証明」など喜びの壁画が続き、最後の左側下段は「十字架のキリスト」「キリスト降架」「墓地の聖女」「キリストの復活」「キリストの昇天」で終り、入口上部には「キリストの変容」が描かれている。新教会は広い長方形で、縦に半円アーチ型拝廊と横に身廊が設けられ、奥に一段高い後陣が三ヶ所置かれている。拝廊のアーチ型天井に「キリストの生涯」が青と赤の顔料をふんだんに使い、旧教会とは異なり繊細な技法で描かれている。身廊には「キリストの奇跡」の場面や聖人たち、そして、ギョレメで共同体を指導した聖バシルの生涯が描かれ、これも一見の価値がある。トカル教会の壁画が、他の教会と異なることは、深みのある青色を特徴としたことで、洗練された画家の手によって描かれた。

11 エル・ナザール教会
El Nazar kilise

ギョレメの町から野外博物館への道の途中、右側の渓谷に広がる葡萄畑にテントのような円錐形の岩山がエル・ナザール教会。凝灰岩の岩山は落雷や浸食作用によってかなり崩壊してしまい、外側から中の部屋が丸見えになっていた。その後、長い歳月をかけて修復作業が行われ、現在は公開されている。このあたり一帯がエル・ナザール渓谷であることからその名が由来する。地上教会として一つの孤立した岩山を削って造られたのは十世紀前半。内部は二階建ての構造で、二階にT字型本堂を持ち、中央に丸天井のドームがあり、これを角柱が支えている。中央ドームに描かれているのは「祝福するキリスト」で、周りを天使や聖人たちが囲んでいる。壁画は「キリストの生涯」が年代記のように順を追い、キリストの幼年時代、青年時代、奇跡の数々の場面や予言者、聖人たちが描かれている。壁画は十一世紀のもので、痛みは激しいが、高い芸術性が見てとれる。また、教会は小さいながらも荘厳であり、付近の景観とよく調和している。

上：円錐形の岩山が地上教会となったエル・ナザール教会。落雷や侵食作用によって中の部屋が丸見えになっていた。
下：テントのような円錐形の岩山が林立するエル・ナザール渓谷。

12 聖母マリア教会
Maria Kilise

ギョレメの町から野外博物館へ向かい、途中トカル教会を過ぎてすぐ左に曲がり二五〇mほど進むとキリチュラン渓谷に出る。聖母マリア教会は十一世紀に渓谷を見下ろす断崖の上に造られた。聖母マリアに関する壁画が多く描かれていることからその名が付いた。教会入口は目立たないように造られ、いつも鍵がかかっているので見学には案内人が必要。小さな入口を体を曲げて入るとトンネル状の通路があり、そこに円形の石の扉が備え付けてある。内部は長方形設計で二つのアーチ型天井で覆われ、その規模は小さいが、込み入った設計で、ギョレメでも最も美しい教会の一つとされている。しかし、残念なことに侵食や崩れがはげしく、かなり痛んでしまっていることだ。かつてここを訪れた観光客が床ごと落ちてしまったということもあった。壁画は、キリストや聖人たちの聖書を物語る場面が描かれ、特に多いのは聖母マリアの姿である。

右：聖母マリアに関する壁画が多い聖母マリア教会。キリストの誕生を描いた壁画。
左：聖母マリアと聖徒たち。特に聖母マリアを描いた壁画が多いことから、聖母マリア教会と呼ばれるようになった。

右：左手に聖書を持つキリストや聖母マリアと聖徒たち。教会はかなりひどく腐食しているが、ギョレメで最も美しい教会の一つである。
左：教会の規模は小さく、こじんまりした雰囲気の中に描かれた聖徒たち。

13 サクル教会
Sakli Kilise
隠れ教会

エル・ナザール教会の近くに位置するサクル教会は、五〇〇年前頃に地崩れが起きて教会の存在を知る人がいなくなった。しかし、一九五七年に偶然にも発見され、サクル（隠れた）という意味から隠れ教会の名が付いた。中央部に二本の円柱が立ち、二分された三つのアーチと三つの後陣（アプス）をもつ長方形設計で十一世紀後期に造られた。建築がメソポタミア式の教会と似ていて、壁画は漆喰の上ではなく、岩肌に直接描いている。単色の赤が目立つのは、時代の経過から緑や青色が消えてしまったためである。

壁画は直接岩肌表面に描かれ、布に染料がついたものが付近で見つかったことから、筆の代わりに布を使って描かれた。

Various parts of CAPPADOCIA

朝日を浴びるギョレ村。急斜面にへばりつくように家々が建ち並ぶ。

chapter

カッパドキア各地を彩る歴史と景観

そこを舞台に宗教的、世俗的に暮らす人々を交えた魅力は
言い尽くせぬほどユニークである。

Various parts of

CAPPADOCIA MAP

ハジュ・ベクタシュ …. P102
オズコナク …. P144
クズルウルマク川
アヴァノス …. P96
アチクサライ …. P100
チャウシン …. P78
パシャバー …. P86
ギョレメ …. P36
ゼルヴェ …. P92
デヴレント
オルタヒサル …. P76
ネヴシェヒル …. P67
ウチヒサル …. P68
ユルギュップ …. P72
カイセリ …. P124
ムスタファパシャ …. P104
エルジェス山
3916m
アクサライ …. P27
カイロス
チャルダク
アイワル
タシクンパシャ
カイマルク …. P138
マズコイ …. P140
セリメ
ティルコイ
ベリスリマ
バスコイ
ギュゼルユルト …. P108
デリンクユ …. P134
ウフララの谷 …. P118
ソアンル …. P112
バード・パラダイス
ハサン山
3268m
ウフララ
ニーデ …. P122
アラ山脈

要塞の袂に発展した新しい町

ネヴシェヒル

トルコ最長のクズルウルマク川に近いネヴシェヒルの町はヒッタイト時代に遡る古い歴史をもつ。ヒッタイト後は、フリギア、リュディア、ペルシャ、さらにアレクサンダー大王に征服されたが、その後カイセリ、ニーデとネヴシェヒルを囲むカッパドキア王国が築かれ、紀元一七年にはローマ帝国の領土となった。昔の町の名をニイサといい、四世紀になってカッパドキアに、三人の偉大な聖人が現れたが、その一人である聖バシルの弟ニイサの聖グレゴリウスの町でもある。その後、町はムシュカルという名に変わったが、一〇九七年セルジューク・トルコの統治下の時、カッパドキア十字軍の攻撃で町は大きな被害を受けた。十字軍といっても、実態は略奪による破壊活動を繰り返す兵士たちである。十七世紀初頭になると、ネヴシェヒル生まれのイブラヒム・パシャがオスマン帝国スルタン(皇帝)の娘婿となってオスマン帝国の大臣として活躍し、この頃町の名をムシュカルからネヴシェヒルと改名した。ネヴシェヒルは新しい町という意味で、彼は西洋化への推進運動を起こした人物である。イブラヒム・パシャは町にモスク、学校、図書館、ハマム(浴場)やハーン(宿泊所)などを寄贈し、町の人口増加を促進し、多い時は一万七千人にも達した。十八世紀初頭には、ネヴシェヒルで長官を務めたダーマト・イブラヒムが私財を投じて、イブラヒム・パシャ・モスクを建造し、いま、建物の一部を博物館として公開している。

町のシンボルになっているのは十二世紀のセルジューク要塞だ。上からの眺めは町の周囲が農業地帯であることから、小麦、大麦、じゃがいも、玉ネギなどを産出する畑が広がっている。また、葡萄やメロン栽培、それに桑の木畑が点在することから、絨毯織りが盛んな町でもある。一九五四年にネヴシェヒルは州都となり、現在はアナトリアの近代都市としてホテルが林立し、カッパドキア観光への中心的存在になった。

上右：要塞頂上近くの旧市街に住む子どもたち(ネヴシェヒル)。
上左：道端に置かれた焼きたてのパン(ネヴシェヒル)。
下：セルジューク要塞の展望台から眺めた新しい町ネヴシェヒル。カッパドキアでは珍しいほど近代化されていて、早く立ち去りたくなる町だ。右下に18世紀初頭にダーマト・イブラヒムが建てたイブラヒム・パシャ・モスクが建つ。

三つの岩山の要塞

ウチヒサル

要塞のことをトルコ語でヒサルといい、ウチヒサルは三つの岩山の要塞であることを意味する。西側から眺めると円錐形岩山が中央にそびえ、両側に尖塔のようにやや低い岩山が立って、まさに「三つの要塞」の景観である。内部への入口は三ヵ所あり、各階には居間、台所、貯蔵庫、家畜小屋などの部屋が岩山を削って造られている。しかし、長年の浸食作用によって岩山は崩壊を続け、内部の部屋が露呈しているところが多数見受けられる。古くはローマ時代にキリスト教徒たちが住み、また侵略を繰り返すアラブに対する避難所になり、セルジューク・トルコとの戦いでの攻防の場であった。要塞の下に広がる集落の地下には、敵の包囲から逃れるためと、水の供給に使用された長さ数百メートルの坑道が発見されている。また、付近の岩山からローマ時代の墓も見つかっている。

かつて村人は要塞の周囲を取り囲むように住んでいたが、要塞自体の崖崩れで危険となり、その下に新たな集落ができた。さらにその下は、川の流れが台地を削り取ってできた深い岩溝が見える。その対岸の岩肌に、小さな窓が無数に開いていて、これは鳩が巣を作るための窪みで、ウチヒサルでは特に盛んに彫られた。四世紀頃からのキリスト教徒たちは、常に殺されるか餓死するしかない立場にさらされていたが、こうした時にカイセリの聖人バシルが鳩を携えてやってきて、谷間の岩山にたくさんの穴を彫り、鳩の巣をつくり、その糞によって凝灰岩の間から奇跡的に小さな植物の芽を育てた。現在でも村人はたくさんの穴に鳩を飼い、その糞を集めて乾いた台地にまき、麦や葡萄の肥料にしている。

岩山の要塞がそびえ立つウチヒサル。長年の浸食作用で崩壊を続けている。

700000
1$
BIRSU
KAYIHAN KAYNAĞINDAN
SAĞLIKLI KAYNAK SUYU

右上：要塞を訪れる観光客にカッパドキアの郷土人形を売る老婆。
右下：鳩の糞などの肥料をまいて収穫した農作物を自慢する農婦。
左：要塞の対岩の岩肌に小さな窓が造られ、そこに小さな穴が開いている。村人が穴に鳩を飼い、その糞を集めて麦や葡萄の肥料にする。

崩れゆく岩窟住居

ユルギュップ

　まるで要塞のように起り上がる急斜面の断崖は、この世のものとは思えない光景だ。ユルギュップはセルジューク・トルコからオスマン・トルコ時代に栄えた町でネヴシェヒルからカイセリを結ぶ道路沿いにある。旧市街と呼ばれた集落は絶壁をくりぬいて造った家々がいく重にも連なって並んでいる。どの家も居間や貯蔵庫、家畜小屋などからできているが、浸食作用が進んで、崖崩れがひどく、現在家屋として使用しているところはほんの一握り。しかし、この特異な場所に住む人たちも、超自然的な創造物は無くてはならない財産なのだ。立ち退いた住民たちは、近くの平坦な土地を求めて、新しい街を形成した。建物は典型的なカッパドキア風の石造りだが、木材がとれないことから、地元産の凝灰岩をブロック状に切り取った石を積み上げて建てている。ユルギュップは葡萄栽培やワイン造りが盛んで洞窟を利用したワイン貯蔵庫がたくさんある。また、古くからキリムや絨毯織りが発達していて、町には観光客相手の大型絨毯店があり、団体ツアーが立ち寄る。

　町からネヴシェヒル方面に一kmほど行くとエセンテペで、カッパドキアの中でも有名な三本の岩柱（妖精の煙突）が立っている。円錐形をした凝灰岩の上に硬い玄武岩でできた帽子のような岩を乗せていて、これも浸食作用によって生まれた。固い帽子が結果的には柔らかい凝灰岩を風雨から守り続けていた岩だ。

上：旧市街にまで押し寄せてきた崩壊の危機。そろそろ脱出したいと語る主婦。
下：現在、家屋として使用している人々はほんのひと握り。

ユルギョップはセルジュークとオスマン・トルコ時代に発展、葡萄酒造りや絨毯織りが盛んな町。

浸食作用が進み、崖崩れがひどいが住民にとっては超自然的な創造物として無くてはならないものだ。

1kmほど離れたエセンテペの三本の岩柱の前で、観光客に郷土人形を売る女性。

Various parts of CAPPADOCIA

要塞と穴蔵の町
オルタヒサル

オルタヒサルは「中央の要塞」という意味で、その名の通り、町の中央広場に聳え立ち、地元民から「シブリカヤ」という名で親しまれている。この町はネヴシェヒルとユルギュップ間の幹線道路沿いにあり、要塞の下の急斜面に古い民家が密集している。高い台地から町を眺めると、さながら絵になる光景である。要塞はローマ・ビザンチン時代にキリスト教徒の隠れ家として使われ、内部に多数の部屋が掘りぬかれているが、その後の浸食作用によって自然と崩壊をきたした。

町を歩くと急な坂道が続き、家の合間に凝灰岩を掘って造った穴蔵が数百に及ぶほど存在すること

右：中央に要塞がそびえるオルタヒサルの町。
左：ロバに乗って農作物を採りに行く少年。

に気付く。穴蔵はキリスト教時代に造られ、セルジューク・トルコ時代頃からトルコ人の手によって修復された。年間を通して、一定の冷たい温度が保たれるため、特に果実類の貯蔵に適しており、地中海やエーゲ海地方から搬入されるオレンジやレモン、リンゴなどを貯えておく。彼らにとって倉庫業としての収入源になっている。

町から一歩出ると、さまざまな形状や色彩をした奇岩地帯が広がり大パノラマが楽しめる。

右：付近に点在するピンク色の岩肌。
左：坂道には凝灰岩を掘って造った穴蔵が多いが、立地条件のよい場所では穴蔵を店舗に改修して営業しているところがある。

正面が崩れ落ちた聖ヨハネ教会(チャウシン・キリセ)。鉄製の階段を上って入る。

カッパドキア最古の教会

チャウシン

ギョレメからアヴァノス方面に二・五㎞ほど行くと、岩山の斜面が崖崩れを起こした光景が目に入る。近づくと、切り立った崖っぷちが大きく崩れ落ち、そこはまるで芝居の大舞台を見ているかのようだ。この中に、かつて洗礼者ヨハネの円蓋バシリカ式の教会があった。八世紀の創建で、円柱が立ち、三つの本堂をもっていたが、浸食作用によって正面の岩が崩れてしまい、内部の柱の装飾部分だけが残されている。さらに、この斜面に住んでいた人々は、一九五〇年崩壊の危機感を増し、近くの安全な平地に移住した。

チャウシンの外れに、聖ヨハネ教会(Church of St.John)別名「チャウシン・キリセ」といい、地元では「大きな鳩小屋」と呼ぶ教会がある。正面が崩れ落ちてしまい、現在は鉄製の階段が取り付けられていて上ることができる。教会はビザンチン皇帝ニケフォラス・フォーカスの名のもとに建てられ、筒型円天井をもつ本堂に、よく保存された壁画が描かれている。壁画は十世紀のもので、北の後陣にフォーカスと妻、父、兄弟が一緒に描かれ、中央後陣にはキリスト像が、その周囲に聖人像やキリストの生涯、聖人の教えなど独特な色づかいで描かれている。前面が崩れ落ち、外壁になったところに、力の象徴を意味する丸い球と赤十字の旗を持った大天使ガブリエルとミカエルの壁画がある。

チャウシン村に建つモスクの横の道を奥に行くと、バラの谷と呼ばれるギュルルデレに着く。そこは民家もなく、聞こえるのは小鳥のさえずりだけであるが、この一帯に立ち並ぶ奇岩群は目を見張るほど美しい。かつて、ここにハクル教会(Hacli Kilise)やアイバル教会(Ayvali Kilise)など一二の教会があったが、信仰心深いキリスト教徒にとって理想的な場所であったに違いない。これらの教会は偶像崇拝禁止以前のもので、そこは初期キリスト教徒たちの居住地であった。

切り立った崖っぷちが崩れ落ち、円蓋バシリカ式の教会内部が露呈したチャウシン。

壁画は筒型円天井を中心にキリスト昇天、受胎告知など
一連のキリストの生涯が描かれているチャウシン・キリセ。

後陣北側に皇帝ニケフォラス・フォーカスとその家族、南
側には聖母マリアと子供、天使たちが描かれている。

上：ギュルルデレに点在する無名の教会。
下：ギュルルデレには珍しい岩肌や地層が展開する。

チャウシンから奥に1kmほど入るギュルルデレで岩柱が林立するなか、鳥のさえずり以外何も聞こえない静かなところ。

上：ギュルルデレのハクル教会。偶像崇拝禁止以前に建造された。
下：ハクル教会に描かれた聖徒たちの壁画。

無名の教会にかすかに壁画の跡を残している。この一帯は初期キリスト教徒たちの住居地であった。

天井には天使たちや聖徒たちの壁画が残り、その奥の天井に珍しい十字架が彫られている。

パシャバーラル教会の壁画。

聖シメオンの隠遁場所
パシャバー

パシャバーは一本の岩柱のてっぺんに帽子をかぶせたように頭部が二つ、三つと載った一風変わった奇岩が林立するところだ。三つの頭を持つ岩柱に、聖メシオン(紀元三九〇年〜四五九年)が内部を自ら彫って造った独居房で隠遁生活をしていた。「聖メシオンの庵」と呼ばれ、一階は小さな教会になっていて、壁にメシオンの生涯を描いた壁画がある。細い石段を登った二階は、よく光が入り、寝台や椅子、暖炉など凝灰岩を彫って造った部屋だ。やっと上れる三階は人間一人が入れる独居房になっている。

当時、木の上や、洞穴、砂漠の中など過酷な場所を選んで隠遁生活する苦行僧たちがいたが、聖メシオンはこうした生活に満足せず、人里離れた岩柱の中に独居房を設け、そこを修道の場として暮らしていた。現在、この庵は、浸食作用によって岩崩れを起こし、内部に立ち入ることができない。

パシャバーの地名は、パシャバーラルとも呼ばれ、パシャは尊称で、バーラルは葡萄を意味し、現在もこの岩柱の合間は個人所有の葡萄園になっている。

苦行僧たちが修道の場としたパシャバーラル教会。

聖メシオンが内部を自ら彫って造った独居房で隠遁生活をしていた「聖メシオンの庵」。

パシャは尊称、バーラルは葡萄を意味することから岩柱の合間は、個人所有の葡萄畑が多い。

上：パシャバーには頭部に二つ、三つと帽子をかぶせたような岩柱が林立する。
下：硬い玄武岩が残ったさまざまな頭部は、下の軟らかい岩に比べ浸食されにくいことから生まれた自然の造形。

さながら高層住宅が建ち並ぶかのようなゼルヴェは、かつてキリスト教徒たちの隠れ家であった。

崩壊で生まれた野外博物館

ゼルヴェ

ゼルヴェは切り立つ岩崖でできた二つの谷が並びあうところだ。その崖に無数の穴が開いていて、さながら高層住宅が並んでいるかのように見える。この変わった趣の風景の中に、人が住み始めたのは古い。人々は必要に応じて部屋を彫り足していった。谷床の川の流れや風雨による浸食作用によって部屋が崩れると、また新たな場所を彫りだし、その結果、蜂の巣のように穴があき、高層住宅のような様相になった。偶像崇拝禁止の前後の時代から、一般人の住む村として、ゲイクリ教会（鹿の教会 Geyikli Kilise）やウズムル教会（葡萄の教会 Uzumlu kilise）が存在したが、現在は崩壊したままの姿を呈している。外部から隔離されたゼルヴェでもアラブやペルシャ、セルジュークの外敵におびやかされ、キリスト教徒たちは、隠れ家にしていた。その後、比較的平穏な時代になると、キリスト教徒とイスラム教徒が共同で生活し

右：キリスト教徒とイスラム教徒が共同で生活していた時もあり、ミナレットが建っている。
左：野外博物館の近くでカッパドキアの手工芸品を売る夫婦。

Various parts of CAPPADOCIA

谷床の川の流れや風雨による侵食作用がはげしくなり、崩壊の危機が強まったとして、1950年全住民が立ち退き、その後野外博物館に変身して一般公開された。

ていて、その名残りを留めたミナレットが建っている。一九二三年のトルコ共和国成立時にはローザンヌ条約の締結によって、ここに住むキリスト教徒のギリシャ人は本国に去り、トルコ人が残って新たなトルコ人の村を築いた。しかし、一九五〇年、いたる所に掘りぬかれた岩山が、崩壊の危機が強まったとして全住民が立ち退き、一㎞ほど先のアクテペという場所に移住した。無人となったゼルヴェは、その後野外博物館として公開されたが、そこには世にも不思議な光景が残されている。

アヴァノスの町を流れるクズルウルマク川。泥土に鉄分を含み、川はいつも赤く染まっている。

陶器と絨毯の町
アヴァノス

アヴァノスの町をトルコ最長のクズルウルマク川（全長一三五五㎞）が流れる。この一帯は泥土に鉄分を含んでいるため、川の流れは赤く染まっている。この土が、陶器の原料になって、アヴァノスは歴史的な陶器産業の町として栄えてきた。ローマ時代に「ヴェネッサ」、つまり「川のある町」と呼ばれ、この時代から、すでにこの川の赤土を使って、壺や土鍋、水差などを作っていた。セルジューク・トルコ時代になると、トルコ系遊牧民が、この地に住み着き、その首領の名がエヴラノスということから、次第にアヴァノスという地名になった。

店先いっぱいに特産品の絵皿を飾り、店内では陶工たちが足踏み式のろくろを回す。その部屋にも無数の絵皿が飾ってあって、奥深く洞穴まで続き、その数の多さと色彩の豊かさに圧倒される。陶器のデザインは植物や幾何学模様をモチーフにしたものが多い。

町中を歩くと、オスマン・トルコ風の張り出し式木造住宅が並び、その中で絨毯を織る女性たちの姿がある。男性が窯場で働いている一方、女性たちは家で絨毯を織っているのだ。庭先には織り上げたばかりの色鮮やかな絨毯が広げてあって風情を誘う。

町から五㎞ほど東にセルジューク時代の隊商宿（サルハン・キャラバン・サライ）が建っていて、典型的なセルジューク様式のタチカプ装飾の門や壁、モスクなど見ることができる。広い中庭に、ラクダの背に乗せた荷物を積み降ろした場所がある。

右：アヴァノスの町の広場に立つシンボルの陶芸家像。
左：歴史的な陶器産業の町として全国からバイヤーが訪れる。

陶器の町として絶えず白い煙が上がる。

上：カッパドキア特有の伝統的な絵柄を描く絵師。
下右：掘り出し品が並ぶ陶器店。
下左：伝統的な足踏み式ろくろを回す女性陶工。

トルコ式張り出し木造住宅で絨毯を織る女性。

広場のある地域社会共同体
アチクサライ

アチクサライは広義では、「広場のある宮殿」という意味で、広場に建つ中央の建物に浮き彫り装飾が施されたファサードが輝いている。ヘレニズムやローマ時代に多くもちいられたが、アチクサライのファサードもその影響を受けたと思われる。岩窟修道院の正面入口に彫られたもので、そこは初期キリスト教徒たちの住まいや集合場所であった。ファサードを中心に平坦地を岩山が囲み、その岩壁にたくさんの部屋跡が残されている。居間や台所、貯蔵庫、家畜小屋、会議室、宿泊所など、その数は数百にも及ぶ。また、修道院のほかに筒型円天井の教会跡があるが、壁画が残されていないため、年代特定がむずかしい。こうしたことから、アチクサライは広場のある地域社会共同体のような場所で、あたかも古代ギリシャのアゴラを想定してしまう。この地帯は侵食作用によって造り出された変わった色の岩層が見られ「ピンクの一本岩」のように独特な岩柱が見られる。

「広場のある宮殿」にふさわしく平坦地を岩山が囲み、岩壁に無数の部屋跡を残す。

上：聖ヨハネ教会の石柱と黒ずんだ丸天井。
右下：アチクサライ岩窟修道院。
左下：浸食作用によって生まれた「ピンク色の一本岩」。

ベクタシュ教団が生まれた町

ハジュ・ベクタシュ

カッパドキア北部のヒッタイト時代の遺跡から発掘された出土品から、ここはスルジャカラホユックという住居地区で、ヒッタイト以前から人々が生活していたことが分かった。十三世紀になって、イランのニシャプールで生まれたハジュ・ベクタシュ・ベリという僧が、アナトリア全域を巡礼してこの地にやってきたが、ここは民家がたった七軒しかない小さな村であった。この地に僧院を建てたベクタシュは、イスラム教にそれほど厳格でない哲学者で、ここに住むトルコ人にイスラム教慣習と、キリストの教えである愛と個人尊重の思想

右：ハジュ・ベクタシュの墓の華麗な天井。
左上：ハジュ・ベクタシュは平和と個人を尊重する思想を深め、イスラム教を広めた。ベクタシュ教団の建物は1925年から博物館として一般公開されるようになった。
左下：ハジュ・ベクタシュの死後、その教えを受け継いだ弟子たちによってベクタシュ教団が生まれた。

を融合させることによって、イスラム的な宗教を広げ、村は急速に発展を遂げた。

　一二七〇年にベクタシュが亡くなると十六世紀に彼の愛と人間尊重の精神を受け継ぐ弟子たちがベクタシュ教団を創設し、ベクタシュの墓の周囲に瞑想のための修道院を建て、次第に拡張していった。教団の哲学はイスラムとビザンチン帝国の狭間的な思想であったが、セルジューク・トルコはすべての宗教に寛大であったため発展した。しかし、一九二三年トルコ共和国誕生の時に、修道院は閉鎖され、一九五二年にベクタシュ教団は禁止された。一九五四年からの修復作業の後に、博物館として一般公開され、人気を呼んでいる。

ドアや窓の装飾など珍しい建築様式が見られるムスタファパシャ。

人民交換が行われた旧ギリシャ村

ムスタファパシャ

ユルギュップから五㎞ほど南下したムスタファパシャは、かつてギリシャ語でシソノスという村で、オスマン・トルコ時代からキリスト教を信仰し、トルコ語を話すギリシャ人が住んでいた。一九二三年に締結したローザンヌ条約によって、トルコとギリシャの人民交換が行われ、ギリシャ人が去った後、村の名をムスタファパシャに変えた。村には十九世紀後半から二十世紀初めにかけて、石を刻んで装飾した美しい民家が多数ある。建物の一部が外に突き出ていたり、部屋の壁に美しい装飾を彫った独特な建築様式が見られる。こうした古民家の多くは現在ホテルやペンションとして使われていて、当時の面影を偲ぶことができる。村から一㎞ほど離れたところに、十二世紀創建のアイオス・ヴァシリオス教会(Ayios Vasilios Kilise)があり、石の階段を降りると、四本の円柱で支えられた内部の壁に、二十世紀に修復された美しい壁画が描かれている。他に代表的なものは、十一世紀のパンジャルルク教会(Pancarlik Kilise)で、聖人たちの壁画が描かれている。

右：室内装飾も独特な造りで、1923年にトルコとギリシャの人民交換が行われるまではギリシャ人が住んでいた。
左：村の名をトルコ人の名をとった「ムスタファパシャ」に変えてから、ペンションやホテルに変身した家が多い。こうした宿泊所にはハマムも併設され人気化した。
下：石を削った4本の柱で支えられたヴァシリオス教会本堂の壁画。

村から１kmほど離れたヴァシリオス教会入口階段部分の筒型円天井の壁画。

初期キリスト教時代の修道地

ギュゼルユルト

カッパドキア西南部のハサン山の北の麓は、地上に建てられた石造りの教会群が多いことから、初期キリスト教時代の修道の中心的存在だった。デリンクユ地下都市から西南に四〇kmのギュゼルユルトはこの麓の谷間にあり、この町はかつてゲルヴェリと呼ばれていた。ここもキリスト教が盛んな土地で、キリスト教神学に大きな影響を与えた神学者グレゴリウス（三三〇～三九〇）を輩出した。また、三八五年に創建された地上教会ナシエ

ンシスの聖グレゴリウス教会は円蓋バシリカ式で、岩山の崖に寄り添い、そこは洞窟まで続いている。このような教会が、九世紀以降のカッパドキア岩窟教会群の建造に大いに影響をおよぼしたと考えられる。町の外れの丘の岩山には、古代の住居地跡が多数掘られ、その中にファサードをもつユクセキ教会（高い教会　Yuksek Kilise）がある。修道院も併設されているが、壁に壁画は残されていない。この一帯は、紀元前二五〇〇年頃には陶器の産地として発達し、当時の大量の破片が出土している。現在でも陶器産業は続き、ゲルヴェリ（ギュゼルユルト）の壺はよく知られている。

右：ファサードをもつブュク教会（大きな教会）。
上：ブュク教会内部の壁には壁画が残されていない。
下：ハサン山（3,268m）の北の麓に位置するギュゼルユルト。

ユクセキ教会(高い教会)前の羊飼いの少年。

上：385年に建てられたナシエンシスの聖グレゴリウス教会。岩山の崖に寄り添い奥深い洞窟に続いている。
下：ギュゼルユルトの町は初期キリスト教時代の修道の中心地であった。

黒ずんだ岩窟教会の壁画

ソアンルの谷

デリンクユから東に二五kmのところにソアンルの峡谷がある。ソアンルとは「最後まで残った土地」という意味のソナラルドゥが、ソアンルに変わった。確かにソアンルはアラブ人による侵略が最後になったところである。斜面の岩が突き出している場所に凝灰岩をくりぬいて造られた教会が二五ほどあり、特に興味深い教会は谷の北側に並ぶ。九世紀以降に造られたもので、間取りは簡素なものが多いが、どの教会も赤や青、緑、それに黒を使った色調の壁画が描かれている。北側のトカル教会（バックルの教会 Tokali Kilise）は凝灰岩を削って造った四〇段あまりの石段を登る。注目したいのは、十一世紀創建のカラバシュ教会（黒い頭の教会 Karabas Kilise）で天井や壁にキリストの生涯や大天使ガブリエルと聖人たちが描かれ、顔や頭が黒ずんだ色彩で描かれていたことから、黒い頭の教会と呼ばれた。それどころか、壁画全体が黒ずんでいるのは、長年にわたって溜った埃や酸化作用によるものと考えられる。ユランル教会（蛇の教会 Yilanli Kilise）は、内部の左側に教会名にちなんだ蛇が描かれているが、全体的に壁画は黒ずんでいて、異様な感じである。谷に沿って山道を登ると、唯一地上のベリ教会（Beli Kilise）が急斜面にもたれるように建っている。十世紀頃のもので、地上らしく「明るい教会」と呼ばれ、小さな円蓋の天井にわずかに壁画を残している。こうした教会に修道士は一人ずつ生活していたが、付近に大きな食堂跡があることから、食事は共同でとっていたと考えられる。

周辺の岩山に、白く塗られた小さな窓が多数彫られているのは、修道士たちが造った鳩小屋だ。窓枠の白は鳩を誘き寄せるためのもので、鳩が入口で止まらず、直接中の止まり木まで入れるように工夫されている。そこに止まった数十羽の鳩から落ちる糞が肥料となって、修道士たちは貴重な甘い葡萄やワインを生産した。

右：カラバシュ教会（黒い頭の教会）の前面は岩崩れを起こした部分が見受けられるが、内部はいくつもの部屋で構成されている。
左：岩山を外側から彫って造られたベリ教会（丸天井の教会）。丸屋根式のドームはカッパドキアでは珍しい。

ソアンルの谷はさまざまな岩層から
形成され、谷間や土手には教会や修
道院が多く、そのほとんどに壁画を残
している。

天井や壁に描かれたキリストや聖人たちの顔や頭が黒ずんでいることから黒の頭の教会と呼ばれる。

右：ユランル教会（蛇の教会）の正面。白く塗られた窓が多数彫られているのは鳩小屋で、修道士たちは糞を肥料にして葡萄を栽培した。
中：キリストの生涯が描かれている壁画。
左：聖人たちに囲まれた「全能のキリスト」。中に入ると左側に蛇の絵がある。

壁画は全体的に黒ずんでいて、そこに描かれた聖人たちの姿は異様な感じである。

ウフララ渓谷はメレンディス川の流れが大地を鋭く削ってできた深さ100mの渓谷で、その岩肌に30ほどのユニークな教会が現存する。

太古の昔はハサン山(3,268m)の急斜面から大量の水が流れたウフララの谷。その外れに位置するセリメ村の絶景。

東方文化の影響を受けた岩窟教会群

ウフララ渓谷

川の流れで削り取られてできた長さ一四kmのメレンディズ川は深いところでは高さ一〇〇mもある渓谷である。その谷底に豊かな常緑樹が生い茂り、小鳥がさえずる。渓谷への入口はウフララ村で、およそ三六〇段の階段を降りる。他にも渓谷が続くベリスリマ村やセリメ村にも入口があるが、ウフララからベリスリマまで谷底を歩くと三時間、そこからセリメまでまた三時間と、三つの村を渡り歩くと丸一日の行程になる。この谷底に六世紀頃からキリスト教徒が住みついた教会が一〇五ほどあったが、古い教会は崩壊してしまい、現存する十〜十一世紀の三〇ほどの教会にユニークな壁画を残している。ウフララはカッパドキアの西部に位置するが、壁画は東方のシリアやメソポタミアからの影響を受けた。十世紀初頭のスンブルル教会(Sumbullu Kilise)は正面が見事なファサードで装飾され、修道院の様相を呈している。後室に円蓋をもち、ドームには「全能のキリスト」が灰色を強めた色調で描かれている。アーチ・アルトゥ教会(木の下の教会 Agacalti Kilise)は、カッパドキアとしてはユニークな技法の壁画が描かれている。四角形のドームにキリストが天使たちに祝福されながら天国へ昇る「キリストの昇天」である。絵自体は原始的であるが、赤、黄、紫、そして白地などの色使いは柔らかく明るいタッチで人目を誘う。ユランル教会(蛇の教会 Yilanli Kilise)は、長方形の十字架設計で半円筒形天井に自由なタッチで二四人の教父と四〇人の殉教者が描かれている。他の教会なども、中央後陣の丸天井ドームに「全能のキリスト」が君臨し、その下に聖母マリアや大天使、師徒、聖人たちが共に描かれ、ほぼ同じような壁画である。

こうした教会群は、谷底を流れる水の量の増減に伴って、断崖が崩れ落ち、谷の地形が自然と変わる。それによって岩窟教会の入口部分から崩壊をきたしてしまう。ベリスリマからセリメまでの谷底にも多くの教会群が存在するが、ここは早い時期に失われてしまう危機をはらんでいる。

10世紀初頭のスンブルル教会は正面が見事なファサードで装飾され、修道院の様相を見せる。

アーチ・アルトゥ教会はシリアやメソポタミアなど東方からの影響を受けた壁画が描かれ、明るい色使いで人目を誘う。

現在のセリメ村の谷底には新しいモスクが建ち、墓石が並ぶ。

上：ユランル教会の半円筒型天井に十字形に24人の教父と40人の殉教者が描かれている。
下：四角形のドームに天使たちに祝福されながら天国へ昇る「キリストの昇天」の壁画。

市場で売られる地元産の収穫物。

農業中心の地方都市

ニーデ

カッパドキア南部のニーデは、雪を抱くアラ山脈を背にした農業の中心地であり、人口約四万人の州庁所在地でもある。歴史は古く、ヒッタイト時代にナヒタと呼ばれ、近くの村からヒッタイト象形文字を記した石碑が出土している。ローマ時代になると、キリスト教が広がり、三一三年キリスト教の公認でビザンチン帝国の領土となる。八世紀頃からイスラム教のアラブの侵攻を受け、教徒たちは、ニーデ周辺の村の地下都市に避難所として隠れ住んだ。この地方にも百近くの地下都市が存在するが、現在はいずれも非公開である。十一世紀初めから十三世紀まで、セルジューク・トルコの支配下に取って代わる。石造りのアラディン・ジャミイ（一二二三年）やシュンギュル・ベイ・ジャミイ（一三三五年に修復）は、繊細な石細工が施され、セルジュク建築美術の頂上期を物語る。他に、アク神学校（アク・メドレッセ）や浴場、霊廟などが町を飾り、近くの村の街道には、隊商宿（キャラバン・サライ）が建つ。ニーデ博物館には、ウフララ渓谷のユランル教会から発見されたミイラが数体展示され、十世紀の尼僧のミイラは金髪である。

上：人口約4万のニーデは農業の中心地で、郊外では山羊や羊の大群とよく出会う。
下：ニーデは11世紀初めから13世紀までセルジューク・トルコの支配となり、その名残りを止めた建造物が数多くあり、活気にあふれた町で、人々は柔和である。

右：円錐状のセルジューク朝の霊廟であるドネル・キュンベット。
左：18世紀の堂々たる石造りのコナウの邸宅が民族博物館として一般公開されている。

Various parts of CAPPADOCIA

セルジューク朝の栄華を誇る

カイセリ

エルジェス山の北の麓に位置する約五〇万人のカイセリは、古くから交通の要所で、中央アナトリアの中心都市として栄えてきた。ヒッタイト時代はカニシュと呼ばれた首都で重要な位置にあり、その根拠となったのが二〇km離れたキュルテペ遺跡から発掘されたくさび形文字で記した粘土板文書である。ローマ時代にはこの町の美しさを絶賛した皇帝が、カエサレアと改名し、ローマ式水道や大理石神殿、記念碑、貨幣などが造られた。四世紀初めには、カイセリに生まれた大司教聖バシルがカッパドキアでの修道院生活の基礎を築き、以後、彼の教えはキリスト教社会全体にまで固守されるようになった。ビザンチン帝国時代になると、キリスト教の影響を強く受け、キリスト教徒たちはローマ時代の建造物を次々と破壊してしまう。七二六年にはアラビア半島にイスラム教を興したアラブ人が侵攻し、カイセリの町はアラブの領土になってしまう。一〇八四年にビザンチン帝国はセルジューク・トルコに破れ、セルジューク朝の統治が続く。一二四三年に、モンゴル人の襲来でモンゴル帝国の一部になってしまうが、その後もカラマン君候国やマムルーク朝など地方の将軍や豪族たちえとめまぐるしく支配が代わり、一五一五年には、強大なオスマン・トルコの征服で統治下に置かれるようになった。このように、カイセリは、歴史上何度も主権が入れ替わったが、現存する歴史的建造物は大部分がセルジューク・トルコ朝のものである。町の中央の黒い火山岩でできた城塞は、六世紀にローマ皇帝が築き、一二二四年に壊された城をセルジューク朝のスルタン・ケイクバット一世が、一四八六年にはメフメト二世が修復した。城塞のすぐ南東に、十八世紀の石造りでできたギュプギュポール・コナウの邸宅があり、現在は市の民族博物館になっている。男部屋と女部屋とがあって、それぞれに民俗学的な遺品や装飾品が展示されている。他にもキュルテペ遺跡からの発掘品を展示した考古学博物館やセルジューク朝の王妃や王女が建立したマフペリ・フナト・ハトゥン宗教複合建築、キュンベットといわれるセルジューク朝の霊廟、トルコ式浴場、泉、隊商宿などがあり、町はさながらセルジューク朝の栄華を誇るかのようだ。オスマン・トルコ時代からのカイセリは中央アナトリアの商業都市として活況を呈し、またカッパドキアを含む一帯は絨毯の産地として、今も盛んである。

カッパドキア最大の都市カイセリは人口約50万人。町の中心にある城塞は6世紀にローマ皇帝が築き、以後何度も修復され、カイセリのシンボル的存在として今に残る。

城塞内は多数の店が並び、観光客で賑わう。

上：カイセリの背後にそびえるエルジェス山麓で11世紀頃遊牧民たちが暮らした天幕張り移動式家屋（民族学博物館）。
下：邸宅の持ち主ギュプギュポールー族の墓（民族学博物館）。

ELEMAN
PASTIRMA ve SUCUKLAR

右：繁華街での食料品店。
左：産地直送のみかんを売る男。

Underground City of
CAPPADOCIA

chapter IV

カッパドキアの地下都市

確認された地下都市の数は36カ所、推定では450カ所以上存在するといわれ、現在公開中の4カ所すべてに踏み込む。

複雑な構造でできた地下都市内部（カイマクル）。

ローマ人の勝利を象徴した「頂きの鷲」が地下7階から発見され、ローマ時代から人々が住んでいたことを明かす。現在、アンカラのアナトリア文明博物館玄関前の中庭に展示されている。

地下都市の遙かなる光芒

丘の麓の畑や平坦な集落の地底に、かつて一万五千人もの人たちが生活した地下都市が存在していたとは誰が想像できようか。カッパドキアには現存する地下都市の数が三六ヵ所にもおよび、調査がさらに進むとその数はもっと増える。推定では全体で四五〇ヵ所あまりにも達する見込みだ。

中央アナトリアに位置するカッパドキアは平均海抜一二〇〇mの高原地帯で、冬寒く、夏暑い厳しい自然環境の中にある。このため、カッパドキアの全容がベールを脱いだのはまだ新しい。この地方の幹線道路となるネブシェヒルからニーデに向かう途中に二つの大規模な地下都市が発見され、博物館として一般公開されている。ネブシェヒルから二九km南下した「デリンクユ地下都市」と同じく一八km南下した「カイマクル地下都市」である。このほかにもカッパドキアには「オズコナク地下都市」と「マズキョイ地下都市」があり、現在この四ヵ所が公開されている。

では、いったい誰がいつ頃、これらの地下都市を造ったのだろうか。紀元前五世紀にギリシャの歴史家クセノフォンが小アジア遠征記「アナ・バシス」に残した文献によると、一一万人の住む東アナトリアの地下都市を訪ねて」という題目で「出入口は井戸と同じ穴で、階段を降りると、内部は大きく広がりいくつもの小部屋があり、羊や山羊、鶏などが飼われ、そこで親と子供たちが一緒に暮らしている。また、米やとうもろこし、ワインなどが壺に入れられ貯蔵されている」と書かれている。実際はそれ以前から存在していたことは間違いなく、各時代とも、住まいや家畜小屋や貯蔵庫などに利用し、また、先人をならい徐々に広く深く拡大していった。カッパドキアの地下都市を求めた主な人々を時代別に挙げてみると、紀元前一九〇〇年からのヒッタイト人や紀元前九世紀にアナトリア中部に王国を興したフリギア人、紀元前六世紀からアレクサンダー大王台頭の紀元前四世紀までのペルシャ人、二世紀ローマ時代のローマ人、三世紀に国を興したササン朝ペルシャ人、四世紀初頭にはローマ帝国が東西に二分され、都がローマからビザンチウムに移され、コンスタンチノープルと改名されたが、カッパドキアは東部に含まれ、公認されたキリスト教が急速に発展した。この時、迫害や弾圧から逃れてやってきたキリスト教徒たち、そして八世紀になるとビザンチン帝国の敵となり、イスラムの旗を掲げて侵略を繰り返すアラブ人、十一世紀からはビザンチン帝国に勝利したセルジューク・トルコ人や、十五世紀に強力な力を持ったオスマン・トルコ人が地下都市の一部を貯蔵庫として使用していた。

カイマクル地下都市入口付近に並ぶみやげ屋。

通路の脇に置かれた円形の石の扉。万一敵に攻め込まれた時、転がして通路を遮断する。

デリンクユ地下都市

地下都市の中で最も大きいデリンクユの地下都市は、ヒッタイト時代の首都ハットウシャと同様に、入口部分が隠れた方法で穴が掘られている。カッパドキアのこの地帯もエルジェス山やハサン山の火山噴火による火山灰の蓄積によってできた土地だ。地下都市の建設は凝灰岩である岩質を確認しつつ穴を深く掘り続けると七〇mから八五mで地下底の水源に達することができる。この垂直の縦穴が新鮮な空気を入れる通気孔の役目を果たし、また、生活に必要な水の確保にもなる。この縦穴が基幹となって横穴が掘り進められ、凝灰岩は下層ほど柔らかくノミや滑車を使って水源手前の地下七階まで掘られていった。部屋は、寝室、台所、食堂、穀物や食料の貯蔵庫、ワイン庫、家畜小屋が複雑に並び、または、階段や坂道の狭い通路によって結ばれている。通路の高さは、高い部分で一六〇cm前後、低い所では人間が屈んでやっと通れるほどだ。こうした部屋や通路は長い歴史の間にその時の用途に応じて拡張されていった。

ここで注目したいのは、通路から部屋に入ると脇に大きな円形の石の扉が置かれていることだ。直径は一七〇cm前後で厚さも六〇cm前後ある。この扉は三〇〇kgから五〇〇kgと重く、内部の凝灰岩でできたものではなく、外で作り縦穴の通気孔から内部に持ち込まれた。通常は通路の脇に設置してあり、万一敵に攻め込まれた時は、この石扉を転がして通路を遮断してしまう。内側からは容易に転がすことができるが、外側からは開かない仕組みになっている。各部屋は六帖から一〇帖くらいの広さで、燈火はカンテラや松脂が使用された跡があるが、何の装飾もないただ暗いだけの部屋であった。台所として使われた部屋が確認されたが、その数は極めて少ないことから、ここで火を使い煙を出すことを恐れていた。このことから炊事は集団生活としての共同体で賄われていたと考えられる。デリンクユの地下都市ではトイレの跡が発見されていないので、日常は外に出て用を済ませたか、危険な時には壺を用いていたとも想像できる。部屋の温度は、通気孔付近では七度前後と年間を通して一定しているが、通気孔から離れた場所では一五度前後と高くなる。ここで暮らすには、寒さから身を守るため、毛皮を身に着けて生活していたのだろう。一年中地下で生活していたわけではなく、敵の心配がない時は、地上に出て農作業を行っていた。あたり一帯は農地に適した丘の麓が連なる。この丘の頂上に見張り番の小屋跡が見つかり、敵が攻め込む気配を察すると、ただちに合図を送り地下に避難させた。

ローマ、ビザンチン時代のキリスト教徒のための教会、集会所、学校や墓の跡が残されていて、この時代にもここに人が住んでいたことを示している。また、同じ場所からこれ以前の作品で、ローマ人の勝利を象徴した「頂きの鷲」が発見され、この大理石の彫刻は、現在、アンカラのアナトリア文明博物館正面玄関前

デリンクユ地下都市の地下7階に残された学校跡。併設して十字形設計の教会や礼拝堂が造られている。

Underground City of CAPPADOCIA

の中庭に展示されている。初期キリスト教時代からの地下都市は、八世紀になると、イスラムの旗を掲げて攻撃を繰り返すアラブに対して防衛機能を強めざるを得なかった。特に地下深い階には、敵が攻めてきた時にそなえて石の扉を多く設置してある。また隠れ部屋からの秘密の脱出口まで設けている。地下三階に掘られたトンネルは九kmも離れたカイマルクの地下都市にも通じているといわれる。こうしたことから、この場所で苦行を標榜とするキリスト教徒にとって、いかに苦しい生活と修行の場所であったかは想像を絶するほどだ。

　この地下都市は九世紀以降は住まいとしての役目を終焉している。入口や通気孔は自然と土砂で閉ざされてしまい、長い期間人々から忘れ去られてしまったが、二十世紀中頃になってデリンクユの大規模な地下都市の存在が明らかになり、発掘、整備された後に一九六五年から一般公開された。

各部屋に通じる階段や坂道は狭く高い部分で160cm前後、低い所では屈んでやっと通れるほどだ。

カイマクル地下都市

一九六四年に発見された「カイマクル地下都市」はネブシェヒルから南のニーデ方面に向かって一八kmに位置し、極めて複雑な構造でできた地下都市である。紀元前五世紀にギリシャの歴史家クセノフォンが小アジア遠征記「アナ・バシス」という文献で、この地下都市について触れていた。この町は、かつてギリシャ人が住み、エネゴビとかエネギュプという地名であった。一九二三年アタチュルクの指揮のもと、トルコ共和国成立時にローザンヌ条約が結ばれたことによって、ここに住むギリシャ人と、ギリシャに住むトルコ人との人民交換が行われ、トルコ人の町となってカイマクルという地名に改称された。

この地下都市は時代と共に外部からの侵入者から身を守る隠れ家として拡大を続け、地下八階からできていることが確認されている。実際には下層部分は未発掘で、現在は地下四階までが一般公開されている。入口から階段を降りると大広間のような部屋に入る。ここは家畜小屋であり、ワイン醸造が行われたところだ。さらに狭い通路を下ると敵の侵入を防ぐための石の扉が置かれてある。その先は、穀物や食料の貯蔵庫、ワイン庫、寝室、台所、貯水槽、集会所、そして二つの後陣と中央に祭壇を備えた簡素な教会、二階には墓があり複雑に入り組む。通路には行き止まりもあって、まさにそこは迷路のような構造である。地下都市はただ無造作に掘り進められたものではなく、特に八世紀初期からのキリスト教徒たちは生活と敵の防

衛との両面を考慮しながら周到な計画で造られていった。そこには秘密の抜け道もあり、また、地上の真上には岩石で出来た墓が並んでいて、これもカムフラージュを兼ねたものなのか。石の扉の仕様はデリンクユ地下都市と共通していて、地上で造られた後、別に掘られた通路から搬入され、その入口部分には石の蓋がしてある。現在公開されている場所では、縦穴の通気孔は一本だけで、また、台所も一ヵ所しか見つかっていない。部屋に凝灰岩を削り彫った棚や食卓台、寝台などがあり、壁には燈火として使用したカンテラや松脂で照らされた跡が黒く残る。

カイマクル地下都市はカッパドキア中心地からの便がよく、最も多くの観光客が押し寄せるところである。

右：地上の穴から取り立ての葡萄を直接落とし込む仕組みになっている葡萄集荷倉。ここから葡萄酒醸造のための圧搾作業へと進む。
上：紀元前5世紀にギリシャの歴史家クセノフォンが「アナ・バシス」という文献で記述したカイマクル地下都市。
下：カイマクル地下都市入口。

マズコイ地下都市

カイマクル地下都市から東へ八kmほど行くと、切り立った岩の崖の間をバルサク川が流れる渓谷が現れる。この川床に栄えたのがマズコイ村で、ここにやって来る観光客は少ない。かってあたり一帯の岩の崖に多数の岩窟教会が存在したが、時代の経過と共に崩れてしまい現存するのはごくわずかである。また、その崖には、三〇ほどの岩窟墓が掘られていて、墓室に壁画が残されている。岩壁のてっぺんは平坦な土地で、ここは数千もの墓が並ぶ共同墓地になっている。地下都市の入口は岩をくり抜いて造ってあるが、そこが本来の出入口であったかどうかは分かっていない。地下都市といっても岩山の壁を掘って造った部分が多く、地下といえるのは一部分にすぎないが、それでも現在地下六階まで発掘が進んでいる。内部は岩盤が弱く、崩れる危険があるため、入場できるのは入口付近のごくわずかな所までだ。ここも、発掘が進むと興味尽きない地下都市であることは確かである。

マズコイの地下都市は地下というより岩山の壁を掘って造った部分が多い。

入口付近でカッパドキアのポストカードを売る少年たち。

岩盤が弱く入場できるのはまだ入口付近まで。発掘が進むと大規模な地下都市であることは確かだ。

右：地下都市の構造はほかの地下都市と同じだが、石の扉は地下内部で作られたことが確認された。
左：オズコナク町の南部にあるベルハ岩窟修道院。

オズコナク地下都市

陶器の里アヴァノスから北に一二kmほど行くとオズコナクの町がある。一九七二年、この町に住む男が町外れに建つモスクの庭仕事をしている時、偶然にもその場で地下都市を発見した。一九九一年、町は「オズコナク地下都市」として一般公開を始めたが、一説では、地下都市の中では最大級の規模であり、五万人以上が住んでいたという。

この地下都市も通路や各部屋など、ほかの地下都市の構造とほぼ共通の造りであるが、ただ一つだけ異なるところがある。それは、石の扉が形状や重量は同じであるが、地下都市内部で作られていたことだ。内部の石質と較べるとまったく同じであることが確認された。オズコナク地下都市は地下一一階まであることが確認されていて、近年人気化して、訪れる観光客が増えている。

地下都市の中で5万人以上が住んでいたという最大級のものであることが確認されたが、発掘作業はまだ途中まで。

Underground City of
CAPPADOCIA

1 入口　2 通気孔　3 石の扉　4 教会　5 学校　6 地下水源

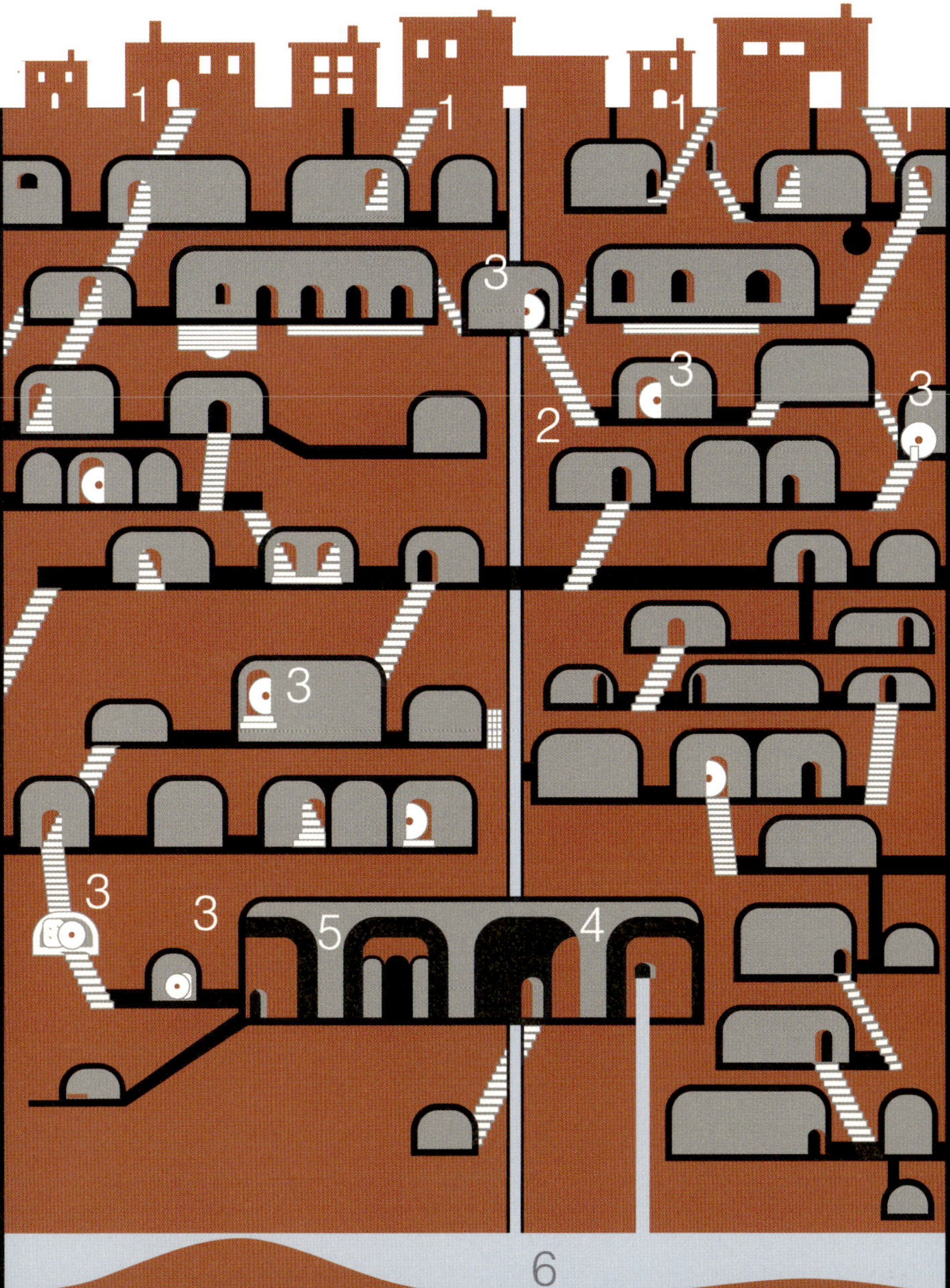

chapter V

カッパドキアの名物

不毛の台地に息づく伝統の絨毯織りと郷土料理、
それに洞窟でのベリーダンスと、三大名物に迫る。

カイロス村の少年たち。背景はエルジェス山。

Special products of CAPPADOCIA

カッパドキアのダブルノット織り絨毯

カッパドキアの手織り絨毯は熟練した女性が何ヶ月間もかけて辛抱強く織り上げる。絨毯は十二世紀のセルジューク・トルコ時代になってキャラバン隊が西への進出と地中海方面に活路を広げた。二十世紀後半になると、カッパドキアが世界遺産に登録され、大勢の観光客が押し寄せるようになって、黄金時代を迎えた。カイセリやギョレメ、ユルギュップ、アヴァノス、ネヴシェヒル、ウチヒサルなど多くの家庭や工房で織られ、また、各地に絨毯を取り扱う専門店や、洞穴に保管と展示を兼ねた店も現れた。カッパドキア絨毯の特徴は、糸の結び方にあり、その結び目はターキッシュノットといわれるダブルノットの方法で、この特徴は丈夫さをいっそう増すことにある。カッパドキアでは、十二世紀からどの家庭でも一貫してこの方法をとっている。

絨毯は生活必需品であり、敷物にしたり、仕切りに使ったり、壁装飾やソファーのカバー用としても使う。また、アラーの神への祈りの時も重要な役割を果たす。上質な絨毯は使い込まれるほど、結び目は堅くなり、いっそう価値を高める。

絨毯織りを始めるには、まずデザインを決める。幾何学模様や草花、植物、動物、人物などを伝統的な特徴を生かし独自の表現を考える。素材はシルク、ウール、コットン、それにフロスシルクという絹糸とウールを混ぜあわせとものがある。シルクはブルサからの絹糸でまかなうが、ウールはカッパドキアの高原での羊の群れから光沢のある丈夫で柔らかい毛糸がとれ、昔から手で紡いでいる。コットンの素材となる綿花はアナトリアは屈指の生産地である。フロスシルクはカイセリでのみ作られ、染色が容易なことから、さまざまな色彩が出せる。織り機は横位置の木に縦糸を通し、この縦糸にデザインに合わせた色糸をからませ結んでいく。一目ごとに堅く結びつけた糸の端をはさみを使って切り揃えていくと、結んだ目が何万と集まって美しい一枚の絨毯が織りあがる。

染料は草木染で、植物の葉や実、根から煮出した色で染める。この植物は家庭で栽培していて、染色の秘訣は代々その一族だけが知る。絨毯の色はそれぞれの意味を持っていて、基調となる赤は、幸福、富、喜びを象徴している。みどりは楽園、青は高貴、黄色は魔除け、黒は心の浄化を意味する。

カイセリは十二世紀からキャラバンによる交易の要所として栄え、地元カイセリとカッパドキアの町や村で織られた絨毯が集められ、活発な取引が行われた。素材の多さと、豊富なデザイン、特にカイセリの絨毯は艶のある明るい色と、装飾的な花柄のデザイン、それと結び目の堅さが好評であった。

上：繭から生糸をつくる絨毯工房。
下：絨毯織りはデザインを決めることから始める。伝統的な特徴を活かし独自の表現を考える。

上：熟練した女性が何ヶ月もかけ、カッパドキア独特なダブルノット方法で織り上げる。
下右：絨毯の色は、赤は幸福、みどりは楽園、青を高貴、黄色は魔除け、黒は心の浄化を表し、ダブルノット方法で織られている。
下左：洞窟の絨毯店は保管と展示を兼ね、カッパドキア家屋の伝統を誇る。

カッパドキアの高原では羊の群れとの出会いが多い。ここの羊から光沢のある丈夫で柔らかい毛糸がとれる(バード・パラダイス付近)。

Special products of CAPPADOCIA

カッパドキアの郷土料理

カッパドキアのレストランは、洞窟や岩山を削って造った店があり、また、店内に絨毯やキリムで飾られた店や、そこで暮らした人々が使った生活必需品をアンティーク代わりに装飾したり、アヴァノスで生産された美しい陶器の絵皿を店内いっぱいに飾った店もある。こうした特異な雰囲気の中で、人々は家庭的にワイワイと食事を楽しむ。カッパドキアでレストランが多いのはギョレメ、ユルギョップとアヴァノスで、他の町や村は意外と少ない。カッパドキアの料理はトルコ料理と同じで東地中海地域の料理だが、雰囲気的にはギリシャやイタリアといった西洋と、アラブや中央アジアの東洋とがミックスした感じである。西洋料理の基本的な調理法は、古代ヘレニズム、ローマ、ビザンチンの各時代にトルコの各地にも広がり、やがてセルジュークやオスマン・トルコの支配になると、アラブや中央アジアの放牧民族から東洋的な影響を強く受けて、今日のトルコ料理になった。オリーブ油やハーブ類、トマト、レモンなどは西洋と同じであるが、肉類の羊はアラブに似ている。また、遊牧民の伝統が息づく乳製品は中央アジアである。カッパドキアの名物料理は、何といっても素焼きの壺に、牛肉か羊肉と野菜を入れ、長時間蒸し焼きにしたテイスティ・ケバブ(Testi Kebab)だ。出来上がったら壺を客の目の前でコックが威勢よく割って中身を出す。この時のパフォーマンスも手伝ってあちこちのテーブルから喚声が上がる。素焼きの土鍋で肉や野菜を煮込んだギュヴェチも郷土料理だ。サチタヴァ(サチケバブ)は米とトマト、ニンニク、パセリで煮込み、アルコールをしみ込ませた塩に炎が灯されて出される。古代からワイン作りが盛んなのはユルギュップで、洞窟に多くのワイン庫を持つ。カイセリ市では、郷土料理として三六種類のマントゥ料理があるが、最も好まれるのが、肉入りマントゥで、ヨーグルトにニンニク、粉末ミントを加えて絶妙な味を引き出す。カッパドキアの料理の特徴は多様性にあり、トルコ料理をアレンジしたさまざまな料理が味わえる。

上：素焼きの壺に牛肉か羊肉と野菜を入れ蒸し焼きにしたテイスティ・ケバブ。ウエーターが客の目の前で壺を割って中身を出す。下：この時のパフォーマンスも手伝って周囲のテーブルからも注目を集める。ここでしか味わえないカッパドキアの名物料理だ。ギョレメ

上：ウフララ渓谷のベリスリマ村にある一軒のレストラン。女将がナンのような薄いパンに野菜と羊肉を詰めて石釜で焼き、スズキの塩焼きに添えて出してくれる。
下右：レストランでタンドゥル・ケバブを焼くコック。とろけるような柔らかい肉は抜群の味である。　カイセリ
下左：素焼きの土鍋で肉や野菜を煮込んだギュヴェチとオーソドックスなピラウ。アヴァノス

Special products of CAPPADOCIA

洞窟のベリーダンス

ベリーダンスの歴史は古く、古代エジプトの壁画にもダンサーの姿が描かれている。アラビア半島や北アフリカで娯楽として親しまれていたが、トルコにはイスラムの浸透にともない入ってきた。オスマン帝国時代にスルタン（皇帝）が領土とした国や奴隷にベリーダンスを習わせ、ハーレムで仕えさせたことから始まる。一九二三年に共和国となって、アタチュルクの近代化政策は宗教の自由を認めたが、比較的戒律の厳しくないトルコは次第にベリーダンスの中心的存在になった。腰や腹部を震わせ、指と腕をしなやかに動かし、衣装からおへそや肉をはみ出す豊満さだが、それはきわめて健全なものだ。かつてはベリーダンスという職業は低俗とみなされていたが、現在はスター性への憧れをも備えた立派な職業で、ダンサーを目指す少女が跡を断たない。

カッパドキアではウチヒサルの洞窟レストランで毎夜催されているが、歴史は浅く、一九八五年にカッパドキアが世界遺産に登録されて、観光客が増え続けてからだ。洞窟という異様な中でのダンスは、都市部の派手なショウとは違い神秘的である。

ここでも当然、フォークロアショウとして、アナトリア地方の町や村に伝わる「オユン」と呼ばれるフォークダンスも披露される。アナトリア南東部の「ハライ」と呼ばれるダンスは手をつないで横一列になり、端の人がハンカチを握り、それを振りながら踊る。こうしたダンスはカッパドキアでの結婚式の披露宴会場で、集まった人々が自然に踊りだして二人の門出を祝福する。

左右に腰を振り、微妙に曲げ伸ばしする指の表現も見もの。踊り続けると肌が汗ばみ、照明の明かりに光る。

上右：洞窟という異様な中でのショウは神秘的で、おなかの動きをクローズアップしながら、全身を使って踊る。
上左：アナトリア地方の町や村に古くから伝わるエキゾチックな民族舞踊。
中：伴奏音楽のテンポが速くめまぐるしく動く黒海地方から伝わるフォークダンス。
下右：華やかな伝統衣装をまとい、速くて複雑なリズムを刻んで踊る。
下左：踊りが好きなカッパドキアの人たちは、毎夜ベリーダンスで熱狂する。

後書き

一九九五年の秋、初めてカッパドキアの土を踏んだ。広大な台地の景観は異様で、奇怪な岩の原形が目の前に展開する。帽子をかぶせたような岩柱がにょきにょきと乱立していて、天辺に載った黒っぽい石の固まりはよく落ちずにいる。巨大な岩山には目のように開いた穴が無数に彫られているが、人が住んでいる気配は感じられない。一つの穴の中に入ってみると、薄暗く六畳間ほどの広さでも抜けの空だった。この穴は住居としてえぐりぬかれたのであろう。隠れるように彫られた別の穴に入ってみると、そこは教会のような造りだ。見捨てられた名もない教会とでもいえよう。暗闇の中の壁にはかすかに壁画の色を残している。

この奇怪な台地に修道士たちがやってきたのは四世紀前後のことだ。生まれ育った恵まれた土地を捨て、カッパドキアの苛酷な土地を自ら選んでやってきた。彼らは決してこの台地を豊かな土地に変えようとしたのではない。人間が生きることすら厳しいこの土地こそ、真の神を求めることができると信じたのだ。これこそが、カッパドキアのキリスト教修道士たちであった。彼らは谷間の絶壁の凝灰岩を削りぬき、あえて安楽生活を拒否する構造で、独居房や教会を造った。入口は陽の当たらぬ北側に設け、光を通す窓もなく、台所以外に暖炉もない。生きられる分の食料は遠く離れた村人からの援助に頼った。こうして修道士たちは、孤独のまま、神を求め続けて人生を終えていった。

九世紀ごろから描かれたカッパドキアの壁画は、中世キリスト教芸術として、きわめて高い価値をもっている。壁画の線は太く、力強く、肖像画法もビザンチン技法に忠実である。やや原始的ではあるが、それが却って自然らしさや表現の自由をも滲ませている。よい保存状態で

参考文献
「東西文明の焦点トルコ」並河萬里　昭和61年　中央公論社
「トルコ歴史紀行」大島直正　1986年　自由国民社
「カッパドキア　はるかなる光芒」　立田洋司　平成10年
雄山閣出版
「カッパドキア」　1994年　カッパドキア観光振興財団

残されていたのは、偶像崇拝禁止令解除直後に描かれたこと、アラブの侵入によって破壊されなかったこと、セルジュークもモンゴル軍もこれを破壊しなかったこと、そして、オスマン帝国がむしろ保護する対策を取ったことによる。しかし、一九一八年トルコは独立国家を目指して四年間ギリシャと戦い勝利したが、その時トルコ人たちがキリスト教を追放し、貴重な壁画を傷つけてしまった。以後、カッパドキアの谷間は、人気のない死の谷となって今日を迎えている。この荒涼とした台地の中で、多難な時代を懸命に生き抜いたキリスト教徒たちの光と闇が、岩窟に深く刻み込まれ、それがカッパドキアの史伝となって輝いている。

カッパドキアは広大で、東西南北に一〇〇km^2以上の面積を有する。私が、この台地を訪れる都度、一つひとつの町や村に案内して下さるギョレメのMustafa DURMAZ氏に深くお礼を申し上げる。彼はカッパドキアの観光開発に力を注いでいる。また、カッパドキア各地で多くの人からも協力をいただいた。そして、十年来いつ出版しようかと思考していた最中に、出版を快くお引き受け下さった東方出版株式会社 代表取締役今東成人氏に心より謝意を申し上げたい。

萩野矢慶記

ギョレメの夕暮れ時

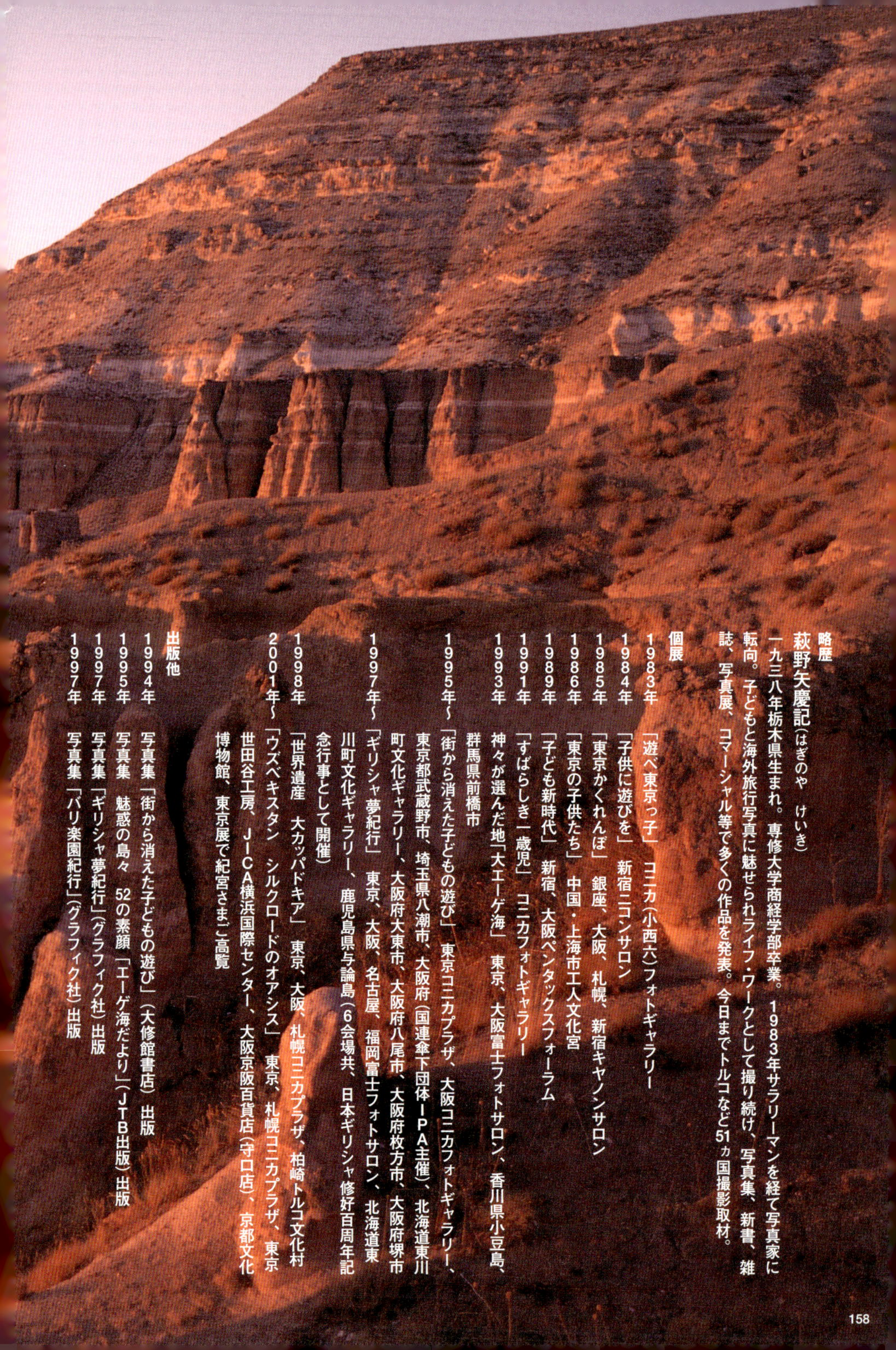

略歴

萩野矢慶記（はぎのや　けいき）

一九三八年栃木県生まれ。専修大学商経学部卒業。1983年サラリーマンを経て写真家に転向。子どもと海外旅行写真に魅せられライフ・ワークとして撮り続け、写真集、新書、雑誌、写真展、コマーシャル等で多くの作品を発表。今日までトルコなど51ヵ国撮影取材。

個展

1983年　「遊べ東京っ子」　コニカ（小西六）フォトギャラリー
1984年　「子供に遊びを」　新宿ニコンサロン
1985年　「東京かくれんぼ」　銀座、大阪、札幌、新宿キヤノンサロン
1986年　「東京の子供たち」　中国・上海市工人文化宮
1989年　「子ども新時代」　新宿、大阪ペンタックスフォーラム
1991年　「すばらしき一歳児」　コニカフォトギャラリー
1993年　神々が選んだ地「大エーゲ海」　東京、大阪富士フォトサロン、香川県小豆島、群馬県前橋市
1995年～　「街から消えた子どもの遊び」　東京コニカプラザ、大阪コニカフォトギャラリー、東京都武蔵野市、埼玉県八潮市、大阪府（国連傘下団体IPA主催）、北海道東川町文化ギャラリー、大阪府大東市、大阪府八尾市、大阪府枚方市、大阪府堺市
1997年～　「ギリシャ夢紀行」　東京、大阪、名古屋、福岡富士フォトサロン、北海道東川町文化ギャラリー、鹿児島県与論島（6会場共、日本ギリシャ修好百周年記念行事として開催）
1998年　「世界遺産　大カッパドキア」　東京、大阪、札幌コニカプラザ、柏崎トルコ文化村
2001年～　「ウズベキスタン　シルクロードのオアシス」　東京、札幌コニカプラザ、東京世田谷工房、JICA横浜国際センター、大阪京阪百貨店（守口店）、京都文化博物館、東京展で紀宮さまご高覧

出版他

1994年　写真集「街から消えた子どもの遊び」（大修館書店）出版
1995年　写真集　魅惑の島々　52の素顔「エーゲ海だより」（JTB出版）出版
1997年　写真集「ギリシャ夢紀行」（グラフィク社）出版
1997年　写真集「パリ楽園紀行」（グラフィク社）出版

1999年　実用書「海外旅行の写し方」（日本カメラ社）出版
2000年　写真集「ネパール微笑みの風」（東方出版）出版　日本図書館協会「選定図書」
2000年　写真集「ウズベキスタン　シルクロードのオアシス」（東方出版）出版
2001年　写真集「バリの伝統美」（東方出版）出版　日本図書館協会「選定図書」
2001年　写真集「エーゲ海に誘われて」（東方出版）出版　日本図書館協会「選定図書」
2002年　写真集「トルコ　遥かなる大地」（東方出版）出版　日本図書館協会「選定図書」
2003年　写真集「アジアの子どもたち」（東方出版）出版　日本図書館協会「選定図書」
2003年　写真集「雲南25の少数民族」（里文出版）出版　日本図書館協会「選定図書」
2004年　カラー版中公新書「ギリシャを巡る」（中央公論新社）出版
2004年　PHPエル新書「ギリシャを知る」（PHP研究所）出版
1995年～2001年度用コニカカレンダー「世界の子どもたち」七年間特撮

受賞
1983年　第35回三軌展文部大臣奨励賞
1986年　中国撮影家協会上海分会栄誉褒賞

所属
（社）日本写真家協会、（社）日本広告写真家協会、（社）日本写真協会、各会員、

〒110-0015　東京都台東区東上野2丁目1-13-202
萩野矢慶記

ローズバレー（赤い谷）のサンセット

ギョレメのチャルクル教会（サンダル教会）

谷間の岩窟教会群が彩る
カッパドキア
CAPPADOCIA
2006年4月18日　初版第1刷発行
写真・文――萩野矢慶記
発行者――今東成人
発行所――東方出版株式会社
〒543-0052
大阪市天王寺区大道1-8-15
TEL 06-6779-9571
FAX 06-6779-9573
デザイン――坂本佳子
（大向デザイン事務所）
印刷・製本――泰和印刷株式会社

ISBN 4-88591-997-5 C1025